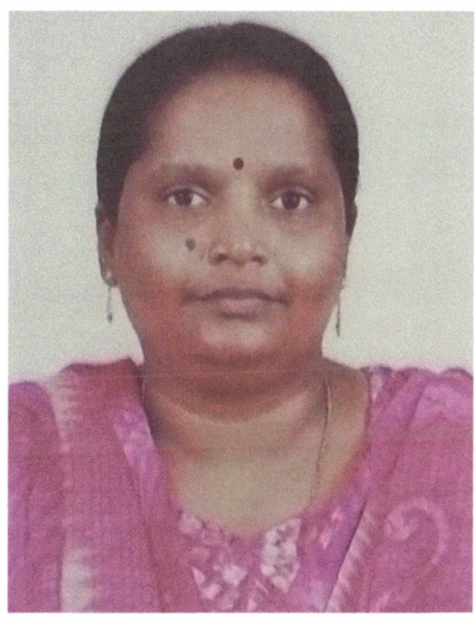

यह पुस्तक समर्पित है बहन गीता को। इनके प्रोत्साहन और सहयोग के बिना जीवन में बहुत कुछ अधूरा रह जाता। मेरे लिए बहन त्याग और साहस की प्रतिमूर्ति हैं।

दो रुपये और दो मुट्ठी चावल

डॉ. अरविंद यादव

notionpress
.com
INDIA • SINGAPORE • MALAYSIA

ISBN
Paperback 979-8-89186-356-9
Hardcase 979-8-89186-385-9

अनुक्रम

भूमिका

फूलबासन यादव के बारे में मैंने बहुत पढ़ा था, सुना था। अलग-अलग टेलीविज़न चैनलों पर उन्हें अपने विचार प्रस्तुत करते हुए, अपनी ज़िंदगी के बारे में बताते हुए देखा और सुना था। उनके बारे में कई बातें कही जाती हैं। लोग उन्हें महिला सशक्तिकरण का प्रतीक बताते हैं। कई लोग हैं, जो उन्हें 'ग़रीबी का दुश्मन' कहते हैं। कइयों की नज़र में वे देश की महिलाओं के लिए सबसे बढ़िया मिसाल हैं, प्रेरणास्रोत हैं। स्वयं सहायता समूहों के ज़रिये सैकड़ों गाँवों की तस्वीर बदलने की वजह से वे मशहूर हुई हैं।

जब भी फूलबासन के बारे में कहीं कुछ पढ़ता या किसी से उनके बारे में सुनता, तब यह अहसास होता कि फूलबासन की कहानी संघर्ष और सफलता की असाधारण कहानी है। कई मायनों में यह कहानी अनोखी है, अद्भुत है। जैसे-जैसे फूलबासन के बारे में सुनता गया, वैसे-वैसे उनसे मिलने की इच्छा बलवती होती गयी। मैं उनसे मिलना चाहता था, उनकी कहानी उन्हीं की ज़ुबानी सुनना चाहता था। कहानी सुनने के बाद उनकी जीवनी लिखने की इच्छा थी।

साल 2018 में पत्रकारिता से जुड़े एक असाइनमेंट पर छत्तीसगढ़ जाने का अवसर मिला। इस असाइनमेंट के तहत केंद्र सरकार और राज्य सरकार की अलग-अलग योजनाओं के कार्यान्वयन का अध्ययन करने और इन योजनाओं से लाभान्वित लोगों की कहानियाँ लिखने की ज़िम्मेदारी मिली थी। योजनाओं का असर लोगों की ज़िंदगी पर किस तरह से पड़ रहा है, ये जानने के लिए कई गाँवों और शहरों का दौरा किया। छत्तीसगढ़ के कुल 28 ज़िलों में से 22 ज़िलों में घूमने-फिरने, लोगों से मिलने, उनकी कहानी सुनने और तकलीफ़ें जानने का मौक़ा

मिला। छत्तीसगढ़ के लोगों के रहन-सहन, उनकी भाषा-बोली, कला-संस्कृति, सामाजिक ताने-बाने के बारे में भी बहुत कुछ सीखा, समझा।

इसी दौरान जब राजनांदगाँव ज़िले का दौरा करने का कार्यक्रम बना, तब मन में ख़याल आया कि इस अवसर का पूरा फ़ायदा उठाते हुए फूलबासन से मिलना चाहिए। पत्रकार मित्रों की मदद से यह जाना कि फूलबासन यादव अपने गाँव में ही हैं। एक पत्रकार मित्र से फूलबासन का फ़ोन नंबर लिया। फ़ोन पर फूलबासन से इंटरव्यू के लिए अनुरोध किया। फूलबासन ने अनुरोध स्वीकार कर लिया और तय हुआ कि शाम को पाँच बजे उनके मकान पर मुलाक़ात होगी।

तय समय पर मुलाक़ात हुई। सवाल-जवाब का सिलसिला शुरू हुआ। सवाल मेरे थे, जवाब फूलबासन के। सवाल-जवाब के इसी सिलसिले में फूलबासन ने अपनी अब तक कहानी सुनायी।

सारी कहानी सुनने के बाद आभास हुआ कि कहानी असाधारण है। कहानी की नायिका भी असाधारण है। फूलबासन की कहानी में ग़रीबी का दंश है। वंश को बढ़ाने के नाम पर बेटा और बेटी में किया जाने वाला भेदभाव है। इस कहानी में भूखे पेट की आग है। इस आग में भस्म होते अरमान हैं। पिसता और घिसता बचपन है। भूख मिटाने के लिए किया जाने वाला संघर्ष है। इस संघर्ष के दौरान अमीरों के हाथों ग़रीबों का शोषण है। ज़मींदारों और साहुकारओं का ज़ुल्म-ओ-सितम है। स्वार्थी लोगों की निर्दयता और क्रूरता है। अगड़ी जाति के लोगों का अहंकार और अक्खड़पन है। इस अहंकार में दम तोड़ती दिखाई देती मानवता है। सरकारी व्यवस्था में व्याप्त भ्रष्टाचार है। सरकारी कर्मचारियों और अधिकारियों की ग़रीबों के प्रति उदासीनता है। असामाजिक तत्वों की गुंडागर्दी है। हिंसा है, घरेलु हिंसा है। घर की चारदीवारी में थकती, हारती औरतों की ज़िंदगी है।

इन सबके साथ है, एक लड़ाई। लड़ाई भुखमरी के ख़िलाफ़, ग़रीबी के ख़िलाफ़, सामाजिक कुरीतियों के ख़िलाफ़, पुरुषों की महिला विरोधी मानसिकता के ख़िलाफ़। यह कहानी है साहस की, विद्रोह की, एक सामाजिक और आर्थिक क्रांति की, एक ग़रीब महिला के क्रांतिकारी बनने की। इस कहानी में चुनौतियों की भरमार है। अनेकानेक प्रतिकूल परिस्थितियाँ हैं। डराने वाले लोग हैं, डर है। डर के आगे जीत है। जीत भी कोई मामूली जीत नहीं, असाधारण जीत है। जीत है बुराई पर अच्छाई की, असत्य पर सत्य की, अन्याय पर न्याय की, ग़रीबी पर संघर्ष की। यह कहानी है एक अतिसाधारण महिला के क्रांतिकारी नायिका

बनने की। ग़रीबी और शोषण का शिकार रही एक ग्रामीण महिला के शक्ति का प्रतीक बनने की। लाखों लोगों के जीवन में खुशियाँ और ख़ुशहाली लाने वाली एक सामाजिक कार्यकर्त्ता की।

फूलबासन से उनकी कहानी सुनने के बाद एक और बड़ी बात का अहसास हुआ। इनके बारे में इंटरनेट पर, कुछ अख़बरों में कई ऐसी बातें कही गयी हैं, जो कि सच्चाई से दूर हैं।

इस बात की ख़ुशी है कि इस जीवनी के माध्यम से दुनिया के सामने असली और सच्ची कहानी होगी। फूलबासन ने कई ऐसे क़िस्से सुनाये, जिनके बारे में बहुत कम लोग जानते हैं। ये क़िस्से कहीं किसी अख़बार, पत्र-पत्रिका में छपे भी नहीं।

फूलबासन के अलावा उनके परिवारवालों और गाँववालों से मिलने का अवसर भी मिला। सभी ने फूलबासन के साथ अपने अनुभव साझा किये। कहानी को विस्तार मिला, गहराई मिली।

फूलबासन से मिलने पर मैंने यह अनुभव किया कि आत्मविश्वास उनमें कूट-कूटकर भरा हुआ है। वे शांत या चुप नहीं रहतीं। वे हमेशा कुछ न कुछ करती रहती हैं। लोगों की मदद के लिए हमेशा तैयार रहती हैं। उनके अंदर एक आग है, जो उन्हें ग़रीबी और नाइंसाफ़ी के ख़िलाफ़ लड़ते रहने को प्रेरित करती है। उनके अंदर ग़ज़ब की ऊर्जा है, कमाल का पराक्रम है। इसी आत्मविश्वास, ऊर्जा और पराक्रम के बल पर वे कामयाबी की एक बेमिसाल कहानी की नायिका बनी हैं।

फूलबासन की कहानी से सीखने के लिए बहुत कुछ है। इस कहानी में भी सफलता के सूत्र हैं। यह कहानी प्रेरणा देती है, विपरीत परिस्थितियों में हार न मानने के लिए। प्रेरणा देती है संघर्ष करने के लिए, चुनौतियों का डटकर मुक़ाबला करने के लिए। यह कहानी साबित करती है कि संघर्ष से अभावों को दूर किया जा सकता है। ग़रीबी, बेरोज़गारी जैसी समस्या से मुक्ति पायी जा सकती है। फूलबासन की कहानी दुनिया को महिलाओं की शक्ति का आभास करती है। संगठन में कितनी ताक़त होती है, इसकी अनुभूति कराती है।

फूलबासन की कहानी सिर्फ़ भारतीय महिलाओं को ही प्रेरणा देना का दमखम नहीं रखती, बल्कि यह हर उस महिला को प्रेरित और प्रोत्साहित करने की शक्ति

रखती है, जो परेशान है, निराश है, शोषण का शिकार है, अभावों से ग्रस्त है, ग़रीबी से त्रस्त है।

उम्मीद है कि फूलबासन की यह जीवनी लोगों में नये उत्साह का संचार करेगी और उन्हें चुनौतियों से लड़ने, कामयाबी हासिल करने के लिए संघर्ष करने की प्रेरणा देगी।

अरविंद यादव

arvindjournalist@gmail.com

गणतंत्र में ग़रीबी

अमृत अमरता प्रदान करता है

ये बात भी अपने आप में ज़हर है

मेरे देश की ग़रीबी ने आज तक अमृत नहीं पिया

लेकिन वह अमर है।

यह व्यंग्य-रचना है हिंदी के सुप्रसिद्ध कवि माणिक वर्मा की। माणिक वर्मा जब भी यह रचना सुनाते थे, वे यह कहते थे कि काश उनका यह व्यंग्य झूठा साबित हो जाए। अफ़सोस! अब तक यह बात झूठी साबित नहीं हुई है और न ही निकट भविष्य में इसके झूठा साबित होने के आसार नज़र आ रहे हैं। देश को आज़ाद हुए सत्तर साल से ऊपर हो गये हैं, लेकिन देश से ग़रीबी दूर नहीं हुई।

ग़रीबी भयावह है। यह पीड़ा है, दर्द है, परेशानी है, उलझन है, पहेली है। कोई भी इंसान नहीं चाहता कि वह ग़रीबी में जीवन-यापन करे। हर शख़्स ग़रीबी से दूरी बनाकर रखना चाहता है, पर 'चाहने' और 'होने' में बहुत अंतर होता है। 'ग़रीबी' शब्द सुनते ही, 'ग़रीबी' की कल्पना मात्र से ही, एक अजीब-सी निराशाजनक तस्वीर ज़ेहन में उभर आती है। असल में ग़रीबी के साथ एक और बात जुड़ी हुई है। जब तक इसका अहसास न हो, या जब तक किसी ने अपनी ज़िंदगी में यह दौर नहीं देखा हो, तब तक यह महज़ शब्द मात्र है। इस शब्द का सही मतलब सिर्फ़ और सिर्फ़ वे लोग बता सकते हैं, जिन्होंने इसको भोगा है, अनुभव किया है।

ग़रीबी दुनिया-भर में है, कहीं ज़्यादा, कहीं बहुत ज़्यादा, कहीं कम, तो कहीं बहुत कम। ग़रीबी किसी एक क्षेत्र, वर्ग, जाति, धर्म-विशेष तक सीमित नहीं है।

'ग़रीबी' एक ऐसा विषय है, जिस पर दुनियाभर में चर्चा लगातार होती रहती है। दुनिया में चंद देश 'अमीर' हैं, लेकिन यहाँ भी 'ग़रीबी' है, लेकिन उतनी नहीं जितनी विकासशील और ग़रीब देशों में है।

अलग-अलग देशों में ग़रीबी-उन्मूलन के लिए तरह-तरह की योजनाएँ बनायी गयीं। कई कार्यक्रम बने। कुछ सफल हुए, कुछ विफल। कुछ थोड़ा सफल हुए, कुछ थोड़ा विफल। लेकिन सच्चाई यही है कि ग़रीबी नहीं मिटी।

ग़रीब कौन है? ग़रीबी की क्या परिभाषा है? इन प्रश्नों को लेकर भी अलग-अलग देशों में अलग-अलग मत हैं। भारत में ग़रीबी का निर्धारण ग़रीबी-रेखा से होता है। ग़रीबी-रेखा वह सीमा है, जिसके नीचे जाने का मतलब होता है कि जीवन जीने के लिए ज़रूरी सुविधाओं, सेवाओं और अवसरों का अभाव। दूसरे शब्दों में ग़रीबी-रेखा आय के उस स्तर को कहते हैं, जिससे कम आमदनी होने पर इंसान अपनी मूलभूत ज़रूरतों को पूरा करने में असमर्थ होता है। ग़रीबी-रेखा अलग-अलग देशों में अलग-अलग होती है।

ग़रीबी-रेखा को परिभाषित करने के लिए सरकार की ओर से कुछ मानदंड तय किये गये हैं। इन्हीं मानदंडों के आधार पर यह तय होता है कि कौन ग़रीब है।

योजना आयोग (अब नीति आयोग) समय-समय पर ग़रीबी-रेखा का सर्वेक्षण करता आया है। इसी सर्वेक्षण के आधार पर सरकार ग़रीबी-उन्मूलन के लिए पुरानी/चालू योजनाओं की समीक्षा करती है और ज़रूरत महसूस होने पर नयी योजनाएँ बनाती है।

भारत में ग़रीबी-रेखा को परिभाषित करने के लिए निर्धारित मानदंड हमेशा ही विवादों का कारण रहे हैं। कई लोगों ने कहा कि ये मानदंड ग़रीबों के साथ मज़ाक है, उनकी अवहेलना है।

इतिहास की किताबें बताती हैं कि अंग्रेज़ों की हुकूमत के दौरान मशहूर बुद्धिजीवी और शिक्षाशास्त्री दादाभाई नौरोजी ने भारत में ग़रीबी के कारणों का पता लगाने की कोशिश की थी। उन्होंने 'पावर्टी एंड अनब्रिटिश रूल इन इंडिया' नाम से एक किताब लिखी। इस किताब में कई बातों/समस्याओं का उल्लेख है। ग़रीबी की समस्या पर भी इस किताब में कई तथ्य प्रस्तुत किये गये। किताब

में कहा गया कि भारत से धन-संपत्ति का बहिर्गमन समस्त बुराइयों की जड़ है और भारतीय निर्धनता का मूल कारण। उन दिनों होता यह था कि भारत से भारी मात्रा में धन-संपत्ति ब्रिटेन भेज दी जाती थी। अंग्रेज़ों की हुकूमत थी और जो कोई इसका विरोध करता था, उसे यातनाएँ दी जातीं। इतिहासकार बताते हैं कि भारत में अंग्रेज़ों के शासन-काल में भारतीय उत्पाद का वह हिस्सा, जो जनता के उपभोग के लिए उपलब्ध नहीं था तथा राजनीतिक कारणों से जिसका प्रवाह ब्रिटेन की ओर हो रहा था, जिसके बदले में भारत को कुछ नहीं प्राप्त होता था, उसे आर्थिक निकास या धन-निष्कासन की संज्ञा दी गयी। धन की निकासी की यह अवधारणा वाणिज्यवादी/साम्राज्यवादी सोच के क्रम में विकसित हुई। धन-निष्कासन के सिद्धांत पर कई अर्थशास्त्रियों ने अपने-अपने मत-अभिमत व्यक्त किये। दादाभाई नौरोजी ने अपनी किताब 'पावर्टी एंड अनब्रिटिश रूल इन इंडिया'में पहली बार 'आर्थिक निकास' की अवधारणा प्रस्तुत की। बड़ी बात यह रही कि अंग्रेज़ी हुकूमत की परवाह किये बिना उन्होंने स्पष्ट शब्दों में कहा, "धन-निष्कासन सभी बुराइयों की बुराई है। धन का बहिर्गमन समस्त बुराइयों की जड़ है और भारतीय निर्धनता का मूल कारण।" दादाभाई नौरोजी के विचारों से कई बड़े नेताओं ने अपनी सहमति जतायी और भारत की धन-संपत्ति का इस्तेमाल भारतीय लोगों के विकास और कल्याण के लिए करने की माँग उठायी। भारत-भर में 'धन-निष्कासन' के ख़िलाफ़ आंदोलन शुरू हुए। दादाभाई नौरोजी ने भी ग़रीबी के ख़िलाफ़ आंदोलन शुरू किया। कई अर्थशास्त्रियों ने भारत में ग़रीबी के लगातार बढ़ने के लिए अंग्रेज़ों की साम्राज्यवादी नीतियों को दोषी ठहराया। इन लोगों का मत था कि अगर अंग्रेज़ों के शासन-काम में भारत की धन-संपत्ति, संपदा, साधन-संसाधन का प्रयोग/उपयोग भारतीयों के लिए किया गया होता, तो भारत से ग़रीबी दूर हो जाती। लेकिन अंग्रेज़ों ने भारतीय धन-संपत्ति, संपदा को लूटा और उसे अपने यहाँ भिजवा दिया और संपन्न होते गये।

अनेकानेक आंदोलनों और कई बलिदानों के बाद साल 1947 में भारत को आज़ादी मिली। अंग्रेज़ चले गये। भारत में भारतीयों की सरकार बनी। लोगों ने मिलकर संविधान बनाया/अपनाया।

आज़ादी के बाद सरकार जान गयी कि बिना ग़रीबी मिटाये, बहुमुखी विकास के सपने देखना बेमानी है। ग़रीबी मिटाने के लिए योजनाएँ बनने लगीं। तय हुआ कि 'कौन ग़रीब है' और 'कौन नहीं', इसका निर्धारण करने के लिए 'ग़रीबी-रेखा' बनेगी। साल 1962 में ग़रीबी-रेखा तय करने की शुरुआत योजना आयोग ने

एक विशेषज्ञ-समूह बनाकर की थी। इस विशेषज्ञ-समूह, जिसमें कई अर्थशास्त्री भी शामिल थे, ने प्रचलित मूल्यों के आधार पर प्रति व्यक्ति 20 रुपये मासिक उपभोग व्यय को ग़रीबी-रेखा माना था। देश में एक समय ऐसा भी था, जब ग़रीबी-रेखा का आंकलन 'कैलोरी की आवश्यकता' के आधार पर किया गया। ग्रामीण क्षेत्र में 2400 कैलोरी और शहरी क्षेत्र में 2100 कैलोरी ख़ुराक के लिए न ख़र्च कर सकने वाले को ग़रीब माना गया। इसमें अनाज, दालें, सब्जियाँ, दूध, तेल, चीनी आदि वो खाद्‍य वस्तुएँ शामिल थीं, जो जरूरतमंद कैलोरी प्रदान करते हैं। कैलोरी की ज़रूरत उम्र, लिंग और कार्य पर निर्भर करती है, जो एक व्यक्ति करता है। भारत के ग्रामीण क्षेत्रों में औसत कैलोरी आवश्यकता 2400 कैलोरीप्रति व्यक्ति प्रतिदिन है, जबकि शहरी क्षेत्रों में यह 2100 कैलोरी प्रतिव्यक्ति प्रतिदिन है। चूँकि ग्रामीण क्षेत्रों में रहने वाले लोग स्वयं को ज़्यादा शारीरिक कार्यों में व्यस्त रखते हैं, इसलिए ग्रामीण क्षेत्रों में कैलोरी की आवश्यकताओं को शहरी क्षेत्रों की तुलना में अधिक रखा गया।

समय-समय पर 'ग़रीबी-रेखा' की समीक्षा करने और मानदंडों में संशोधन करने के लिए अलग-अलग समितियाँ बनीं। इन समितियों में अलघ समिति (1977) लकड़ावाला समिति (1989) तथा तेंदुलकर समिति (2005) प्रमुख हैं। तेंदुलकर समिति ने अपनी सिफ़ारिशें साल 2009 में सौंपी थीं।

अलघ समिति ने गाँवों में 49 रुपये तथा शहरों में 56.64 रुपये प्रति व्यक्ति मासिक व्यय को ग़रीबी-रेखा माना। साल 1993 में लकड़ावाला समिति ने गाँवों में 205 रुपये तथा शहरों में 281 रुपये प्रति व्यक्ति ख़र्च को ग़रीबी-रेखा माना। साल 2009 में तेंदुलकर समिति ने गाँवों में 447 रुपये तथा शहरों में 579 रुपये की ग़रीबी-रेखा तय की। तेंदुलकर समिति द्‍वारा तय ग़रीबी-रेखा पर विवाद हुआ, तो मनमोहन सिंह सरकार ने रंगराजन समिति का गठन किया। रंगराजन समिति ने गाँवों में 972 रुपये तथा शहरों में 1407 रुपये प्रति व्यक्ति मासिक ख़र्च को ग़रीबी-रेखा माना।

देश में ग़रीबी-रेखा को लेकर उस समय सबसे बड़ा बवाल खड़ा हुआ, जब मनमोहन सिंह के प्रधानमंत्रित्व-काल में योजना आयोग ने कहा कि शहरों में 33.33 रुपये प्रतिदिन और गाँवों में 27.20 रुपये प्रतिदिन से अधिक ख़र्च करने वाला व्यक्ति ग़रीब नहीं है। बड़ी बात यह है कि योजना आयोग ने सर्वोच्च न्यायालय को बताया था कि खानपान पर शहरों में 965 रुपये और गाँवों में

781 रुपये प्रति महीना ख़र्च करने वाले शख़्स को ग़रीब नहीं माना जा सकता है। ग़रीबी-रेखा की नयी परिभाषा तय करते हुए योजना आयोग ने कहा था कि इस तरह शहर में 32 रुपये और गाँव में हर रोज़ 26 रुपये ख़र्च करने वाला शख़्स ग़रीबी-रेखा के नीचे रहने वाले परिवारों को मिलने वाली सुविधा को पाने का हक़दार नहीं है।

'ग़रीबी-रेखा' की इस नयी परिभाषा को लेकर मनमोहन सिंह सरकार की बहुत आलोचना हुई। विपक्ष ने सरकार पर जमकर हमले बोले। सड़क से संसद तक चर्चा हुई। प्रधानमंत्री को ख़ुद सफ़ाई देनी पड़ी। सबसे ज़्यादा आलोचना योजना आयोग के उपाध्यक्ष मोंटेक सिंह अहलूवालिया की हुई थी। रंगराजन समिति के गठन से मामला कुछ शांत हुआ।

इन सब के बीच एक बात हमेशा सच रही। भारत से ग़रीबी नहीं मिटी। भुखमरी की घटनाएँ बंद नहीं हुईं। ग़रीबी से परेशान होकर ख़ुदकुशी की घटनाओं पर पूर्ण विराम नहीं लगा।

इतिहास और राजनीति की किताबें बताती हैं कि सत्तर के दशक में प्रधानमंत्री इंदिरा गांधी ने 'ग़रीबी-हटाओ' का नारा दिया था। इस नारे के बल पर वे 1971 का लोकसभा चुनाव जीत गयीं थीं। चुनाव में जीत के बाद इंदिरा गांधी ने ग़रीबी हटाने के मक़सद से कई नयी योजनाओं की शुरुआत की। ग़रीबी हटाने के लिए 'बीस सूत्री कार्यक्रम' बना। लेकिन हालात में ज़्यादा सुधार नहीं हुआ। ग़रीबी-उन्मूलन के लिए जो योजनाएँ बनीं, उनका लाभ सभी ग़रीब नहीं उठा पाये। अस्सी के दशक में प्रधानमंत्री राजीव गांधी ने ख़ुद स्वीकार किया था कि भ्रष्टाचार की वजह से ग़रीबी दूर नहीं हुई। उन्होंने कहा था,"दिल्ली से एक रुपया भेजते हैं, तो गाँव तक सिर्फ़ 15 पैसे ही पहुँच पाता है।" यह बयान कई मायनों में ऐतिहासिक था। देश के प्रधानमंत्री ने स्वीकार किया था कि योजनाओं के क्रियान्वयन में भ्रष्टाचार है।

सरकारें आयीं, गयीं। ग़रीबी मिटाने के लिए कई वायदे किये गये, कई योजनाओं की शुरुआत हुई। ग़रीबी को लेकर देश की तस्वीर नहीं बदली। शहरों की झुग्गी बस्तियों में दो जून की रोटी के लिए संघर्ष करते लोग, वहाँ फैली गंदगी, मूलभूत सुविधाओं की कमी, शहरों की सड़कों और फुटपाथों पर भीख मानते लोग, इस बात की गवाही देते हैं कि ग़रीबी ज़िंदाहै।गाँवों में नंगे बदन घूमते बच्चे,

कुपोषण की वजह से मौत के आगोश में जाते नन्हे बालक साबित करते हैं कि ग़रीबी-उन्मूलन के लिए चलाये जा रहे कार्यक्रमों में अब भी घोटाला है।

जब कभी यह दावा किया जाता है कि ग़रीबी कम हो रही है, तब सबसे ज़्यादा पीड़ा ग़रीबों को होती है। जैसे ही बात झुग्गी-बस्ती या फिर गंदी कच्ची बस्ती की होती है, वैश्विक आर्थिक मज़बूती का मिथक तुरंत हवा में फुर्र हो जाता है। कच्ची बस्तियों में रहने वाले लोगों की अवस्था सच में भयावह और बेहद दर्दनाक है। न पेट भरने को खाना, न पीने को साफ़ पानी और रोज़ दो जून की रोटी कमाने/जुटाने का संघर्ष। एक ओर आज जहाँ कई लोगों के लिए मोबाइल फ़ोन, रेफ्रिजरेटर, टेलीविज़न, एयर कंडीशनर आदि मूल आवश्कताएँ बन चुकी हैं, वहीं दूसरी ओर इन बस्तियों में रहने वाले लोगों को भयंकर ठंड में बिना रजाई और चिलचिलाती गर्मी में बिना पंखे के रहना पड़ता है, जिसकी कल्पना मात्र से कइयों का मन सिहर उठता है। भारत में कई जगह ग़रीबी और क्षुधा-पीड़ा के विकराल दृश्य दिखाई देते हैं।

आत्मा हिलाकर रख देती है ग़रीबी

साल 1993 में दक्षिण अफ़्रीकी फोटो-पत्रकार केविन कार्टर को एक प्रोजेक्ट के अंतर्गत सूडान जाने का मौक़ा मिला। उन्हें सूडानमें अनावृष्टि/ सूखा प्रभावित इलाक़ों और गृह-युद्ध की रिपोर्टिंग करने का काम दिया गया। केविन पूरी तैयारी के साथ सूडान पहुँच गये, लेकिन विद्रोहियों ने उन्हें शहर में घुसने न दिया। थोड़ा वक़्त गुज़रने के बाद आख़िरकार उन्हें इजाज़त तो मिली, पर इसी दौरान उन्होंने अपनी ज़िंदगी का सबसे भयवाह मंज़र देखा। उन्होंने एक छोटी बच्ची की तस्वीर खींची (बाद में पता चला कि वह लड़की नहीं,एक लड़का था) जोकि भूख के कारण बेहाल थी। वह रेंगते हुए अपने घर की तरफ़ बढ़ रही थी। उसके माता-पिता भोजन का इंतज़ाम करने के मक़सद से बाहर गये हुए थे। उसी के पास एक गिद्ध उसके मरने का इंतज़ार कर रहा था, ताकि वह उसे खा सके। इस दृश्य को देखकर मानों कार्टर के पैरों के नीचे से ज़मीन खिसक गयी। अब तक की ज़िंदगी में उन्होंने ऐसी तस्वीर न तो देखी थी, न ही कल्पना की थी। इस दृश्य ने कार्टर को अंदर से झकझोर दिया।

काफ़ी देर सोचने, विचारने के बाद उन्होंने इस दृश्य को अपने कैमरे में क़ैद किया। इसके बाद उन्होंने जैसे-तैसे उस गिद्ध को वहाँ से भगाया और उस बच्ची की जान बचाने में कामयाब हुए। यह तस्वीर 'न्यूयॉर्क टाइम्स' अख़बार के पहले पन्ने पर छपी। तस्वीर देखकर दुनिया दंग रह गयी। सभी को पता चल गया कि सूडान में सूखे की वजह से स्थिति कितनी भयावह है, ग़रीबी का क्या आलम है, ग़रीबों की क्या परिस्थिति है। 'दि वल्चर एंड दि गर्ल' के नाम से दुनियाभर में चर्चा का विषय बनी इस तस्वीर के लिए कार्टर को 'पुलिज़र' सम्मान से

नवाज़ा गया। हालाँकि इसी तस्वीर के पीछे की सच्चाई से कार्टर इतने ज़्यादा आहत हुए कि वे अवसाद के शिकार हो गये। तमाम कोशिशों के बावजूद वे उस झकझोरने वाले दृश्य से उबर नहीं पाये। भूख से तड़तपा वह बेसहारा और चोटिल बच्चा, मानों हर पल उनका पीछा करता रहता। उनके और उस दृश्य के बीच रोज़-रोज़ हर पल लड़ाई चलती रही। आख़िरकार यह लड़ाई शांत हुई, पर तबतक बहुत देर हो चुकी थी। कार्टर अवसाद की ऐसी चरम स्थिति में पहुँच गये, जहाँ उन्हें ज़िंदगी जीने का मक़सद छोटा लगने लगा। उन्होंने अपने आप को ख़त्म कर लिया। कार्टर निराशा के सागर में डूब चुके थे। बचपन से ही उन्होंने बहुत नाइंसाफ़ी देखी थी। साल 1960 में दक्षिण अफ़्रीका के जोहान्सबर्ग में जन्मे कार्टर अपने देश में श्वेत लोगों द्वारा श्याम-वर्ण के लोगों के साथ किये गये भेदभाव और अन्याय के गवाह थे। उन्होंने लोगों का क़त्ल किये जाते देखा था। जीवन में कई मौतें, लाशें, तड़पते लोग देखे थे। लेकिन भूख से तड़पती उस बच्ची को अपना शिकार बनाने के लिए ताक में बैठे गिद्ध की उस तस्वीर ने कार्टर को अंदर से हिलाकर रख दिया।

इतनी डरावनी न सही, लेकिन ग़रीबी की दर्दनाक तस्वीरें हर दिन दुनियाभर में कई शहरों और गाँवों में देखने को मिलती हैं। ग़रीब की तकलीफ़ों की कल्पना से ही आत्मा हिल जाती है। आसानी से कल्पना की जा सकती है कि एक ग़रीब, जिसके पास न ज़मीन है, न जायदाद और जिसके लिए खाने का हर कौर संघर्ष से भरपूर है, उसके अंदर जीवन जीने की इच्छा कितनी रह जाएगी। ऐसी बेबसी बहुत दर्दनाक होती है। ये लोग रोज़ सुबह सिर्फ़ इसी उम्मीद में उठते हैं कि शायद आज उनकी क़िस्मत कुछ बदल जाए, शायद आज कुछ अलग हो जाए, बस इसलिए कि उनकी भूख मिटे, उनका पेट भरे। लेकिन सच इससे ज़्यादा निष्ठुर है। आज भी ज़्यादा कुछ नहीं बदलता है। हालाँकि कई सरकारों ने, कई संस्थाओं ने, बहुत लोगों ने बहुत कुछ किया है ग़रीबी दूर करने के लिए,लेकिन एक बार सिर्फ़ इनकी मदद करना कोई स्थायी समाधान नहीं। ग़रीबी को मिटाने के लिए, इस दर्दनाक और भयावह स्थिति में आमूल-चूल परिवर्तन के लिए बड़े फ़ैसलों की ज़रूरत है। ग़रीबी को हटाने में बाधक बन रहे लोगों को सही रास्ते पर लाने की ज़रूरत है।

कई अर्थशास्त्रियों, राजनेताओं ने ग़रीबी की समस्या को हटाने के लिए बहुत सारे उपाय बताये, लेकिन ग़रीबी टस से मस नहीं हुई। डटी है। वैश्विक विकास के गप की असलियत सबके सामने है।

अगर आँकड़ों की बात की जाए, तो संयुक्त राष्ट्र की एक रिपोर्ट के अनुसार वर्ष 2005-06 में भारत के क़रीब 64 करोड़ लोग (55.1 प्रतिशत) ग़रीबी में थे।यह संख्या घटकर साल 2015-16 में 36.9 करोड़ (27.9 प्रतिशत) पर आ गयी।कहा गया कि भारत ने बहुआयामी ग़रीबी को कम करने में महत्वपूर्ण प्रगति की है। संयुक्त राष्ट्र विकास कार्यक्रम (यूएनडीपी) और ऑक्सफोर्ड ग़रीबी एवं मानव विकास पहल (ओपीएचआई) द्वारा जारी 2018 विश्वव्यापी बहुआयामी ग़रीबी सूचकांक यानी मल्टिडाइमेन्शनल पावर्टी इन्डेक्स (एमपीआई) में यह खुलासा किया गया था। इसी में कहा गया कि 2005-06 और 2015-16 के बीच बहुआयामी ग़रीबों की संख्या घटकर लगभग आधी हो गयी। यह 54.7 प्रतिशत से गिरकर 27.5 प्रतिशत हो गयी है। बहुआयामी ग़रीबी के लिहाज़ से देखा जाए, तो दक्षिण एशियाई देशों में सिर्फ़ मालदीव की स्थिति भारत से अच्छी है। यहाँ बहुआयामी ग़रीबी की कुल जनगणना अनुपात 1.9 प्रतिशत है। दूसरी ओर नेपाल (35.3 प्रतिशत), बांग्लादेश (41.1 प्रतिशत) और पाकिस्तान (43.9 प्रतिशत) में बहुआयामी ग़रीबों की संख्या बहुत अधिक है। हालाँकि परंपरागत रूप से वंचित समूह, जोकि विभिन्न राज्यों, जातियों, धर्म और आयु तक फैले हैं, अब भी सबसे अधिक ग़रीब हैं। लेकिन पिछले एक दशक में उनमें भी मल्टिडाइमेन्शनल पावर्टी इन्डेक्स (एमपीआई) के स्तर पर बहुत अधिक गिरावट हुई है। इससे यह प्रदर्शित होता है कि वे भी 'आगे की ओर बढ़' रहे हैं। यह विश्वव्यापी प्रवृत्ति है, जहाँ सबसे अधिक ग़रीब लोग भी अधिक तेज़ी से इस दुष्चक्र से बाहर निकल रहे हैं और यह एमपीआई की गिरावट में स्पष्ट रूप से दिखाई देता है। रिपोर्ट में बताया गया कि एमपीआई सिर्फ़ आय के आधार पर ग़रीबी की गणना नहीं करता। यह सूचकांक इसे इस प्रकार समझने की कोशिश करता है कि लोग अनेक कारणों से और कई बार उन सभी कारणों से ग़रीबी का शिकार होते हैं। सूचकांक बताता है कि लोग तीन मुख्य पहलुओं के कारण पिछड़ जाते हैं। ये पहलु हैं - स्वास्थ्य, शिक्षा और जीवन-स्तर। इसके दस संकेतक हैं - पोषण, शिशु-मृत्यु, स्कूली शिक्षा के वर्ष, स्कूलों में उपस्थिति, सैनिटेशन, खाना पकाने का ईंधन, पेयजल, बिजली, आवास और परिसंपत्तियाँ। जो लोग न्यूनतम तीन सूचकांकों से वंचित होते हैं, उन्हें बहुआयामी ग़रीब माना जाता है। 2018 की रिपोर्ट के दायरे में विश्व की कुल जनसंख्या का दो-तिहाई हिस्सा आता है। रिपोर्ट में यह भी कहा गया कि बहुआयामी ग़रीबी को कम करने की दिशा में प्रगति के बावजूद 36.4 करोड़ भारतीय लोग अब भी स्वास्थ्य, पोषण, शिक्षा और सैनिटेशन के लिहाज़ से बहुत

अधिक अभावग्रस्त हैं। ग़रीबी में जीवन जीने वाले आधे लोग 18 वर्ष से कम उम्र के हैं। भारत में 10 वर्ष से कम उम्र के 15.6 करोड़ बच्चे अत्यंत ग़रीब हैं, यानी हर चार में से एक बच्चा। विश्व में निम्न और मध्य आय वर्ग के 104 देशों में 66.2 करोड़ बच्चे बहुआयामी ग़रीब हैं। 35 देशों में आधे से अधिक बच्चे ग़रीब हैं।

अगर राज्यों में ग़रीबी की स्थिति की बात की जाए तो, भारत के बहुआयामी ग़रीबों में से आधे से अधिक चार सबसे 'ग़रीब' राज्यों में रहते हैं।हालाँकि भारत में छुटपुट रूप से ग़रीबी सभी जगह मौजूद है, लेकिन बिहार, झारखंड, उत्तरप्रदेश और मध्यप्रदेश में ग़रीबी सबसे अधिक है। इन चार राज्यों में पूरे भारत के आधे से अधिक ग़रीब रहते हैं जिनकी संख्या 19.6 करोड़ के क़रीब है। संयुक्त राष्ट्र की रिपोर्ट के अनुसार, झारखंड ने ग़रीबी को कम करने में सबसे तेज़ी से क़दम बढ़ाया है, इसके बाद अरुणाचल प्रदेश, बिहार, छत्तीसगढ़ और नगालैंड उससे कुछ ही पीछे हैं।दिल्ली, केरल और गोवा में ग़रीबों की संख्या सबसे कम है।

भारत में ग़रीबी के ख़िलाफ़ कई लोगों ने आंदोलन किये। आज़ादी के बाद देश में ग़रीबी मिटाने के लिए कई सामाजिक, आर्थिक, राजनीतिक आंदोलन हुए। ऐसे ही एक आंदोलन की शुरुआत की छत्तीसगढ़ की फूलबासन यादव ने। जब फूलबासन यादव ने इस आंदोलन की शुरुआत की थी, वे एक साधारण ग्रामीण महिला थीं। वे भी ग़रीबी से जूझ रही थीं। रोज़ी-रोटी के लिए उन्हें भी हर दिन संघर्ष करना पड़ता था। फूलबासन ने वह काम किया, जो बड़े-बड़े राजनेता, अर्थशास्त्री, बुद्धिजीवी, सामाजिक वैज्ञानिक करने में नाकाम रहे। फूलबासन ने एक आर्थिक और सामाजिक क्रांति की शुरुआत की। यह क्रांति सिर्फ़ ग़रीबी मिटाने के लिए नहीं थी, यह क्रांति थी सामाजिक कुरीतियों के ख़िलाफ़, यह क्रांति थी अंधविश्वास के ख़िलाफ़, यह क्रांति थी महिला सशक्तिकरण के लिए। फूलबासन ने जब यह लड़ाई शुरू की थी, तब वे अकेली थीं, लेकिन धीरे-धीरे उनके साथ एक-एक कर महिलाएँ जुड़ती गयीं और आज लाखों महिलाएँ ग़रीबी पर विजय हासिल कर पायी हैं। इसी अभूतपूर्व सामाजिक और आर्थिक आंदोलन का नेतृत्व करने वाली फूलबासन यादव आज दुनियाभर में महिला सशक्तिकरण के प्रतीक के रूप में मशहूर हैं।

फूलबासन की कहानी असाधारण है। इस कहानी में ग़रीबों की व्यथा है, पीड़ा है, दुःख-दर्द है। ग़रीबों के साथ होने वाली नाइंसाफ़ी है। ग़रीबों पर होने वाला ज़ुल्म है। इसमें दो जून की रोटी के लिए हर दिन किया जाने वाला संघर्ष

है। भूखे पेट की आग है। व्यवस्था में मौजूद भ्रष्टाचार की वजह से उम्मीदों को डुबोने वाला पानी है। भारतीय गाँवों में मौजूद दरिद्रता है। सामाजिक कुरीतियों की वजह दम तोड़ती ज़िंदगियाँ हैं। पुरुषों की दमनकारी मानसिकता में पिसती महिलाओं की आशाएँ हैं। इन सबके साथ है, जंग, एक आंदोलन, एक क्रांति। एक बेमिसाल सफल जीवन। एक अनुकरणीय जीवन। चुनौतियों से हार न मानने का जज़्बा। ग़रीबी को मिटाने का मंत्र। बुराई पर अच्छाई की जीत। असत्य पर सत्य की विजय। साधारण व्यक्ति से विराट व्यक्तित्व बनने की एक गाथा।

ग़रीबी की दलदल में खिला फूल

भारत में पाँच हज़ार से ज़्यादा तहसीलें हैं। इनमें से ज़्यादातर ऐसी हैं, जो कभी ख़बरों का हिस्सा नहीं बन पायीं, क्योंकि ख़बरों में दिखाये जाने लायक यहाँ कभी कुछ ख़ास हुआ नहीं। अगर कोई बड़ी घटना हुई भी हो, तो मीडियावालों ने उसे ख़बर लायक़ समझा ही नहीं। कहने का मतलब यह है कि कई तहसीलें ऐसी हैं, जहाँ कुछ ख़ास था नहीं, या है नहीं, इसलिए उनके बारे में चर्चा भी नहीं हो पायी। वैसे भी भारत में ज़्यादातर देहाती तहसीलें एक जैसी हैं। भाषा-बोली, रहन-सहन, खान-पान आदि अलग हो सकते हैं, लेकिन कई बातें ऐसी हैं, जोकि एक समान हैं। इन्हीं समानताओं में सबसे बड़ी समानता है ग़रीबी। ऐसी ही एक तहसील है, छत्तीसगढ़ के राजनांदगाँव ज़िले की छुरिया।

छुरिया तहसील में भी ज़्यादातर लोग ग़रीब हैं। ग़रीबी के कई कारण हैं। ज़्यादातर लोग किसानी करते हैं। किसानी से हर समय मुनाफ़ा होने से रहा। मौसम की मार किसानों और किसानी मज़दूरों पर कहर ढाती है। बिन बारिश से होने वाला सूखा फ़सल होने नहीं देता, बेमौसम की बारिश खड़ी फ़सल को बर्बाद कर किसानों की उम्मीदों पर पानी फेर देती है। मौसम मेहरबान तो किसान ख़ुश वरना अन्नदाता ख़ुद दाने-दाने को मोहताज हो जाता है। मौसम की मार से छोटे और मझौले किसान बुरी तरह प्रभावित होते हैं। बड़े किसानों, ज़मीदारों को ज़्यादा फ़र्क़ नहीं पड़ता। फ़र्क़ पड़ता है तो बस छोटे किसानों पर और इनकी सुध लेने वाला कोई नहीं होता। कवि सुदीप भोला ने अपने एक गीत में किसानों के दर्द का चित्रण किया है। उन्होंने लिखा है,

जो देता है ख़ुशहाली, जिसके दम से हरियाली

आज वही बर्बाद खड़ा है, देखो उसकी बदहाली

बहुत बुरी हालत है ईश्वर, धरती के भगवान की

टूटी माला जैसे बिखरी, क़िस्मत आज किसान की...

साल 1947 में आज़ादी के बाद अलग-अलग सरकारों ने ग़रीबी को मिटाने, किसानों की परेशानी दूर करने के लिए कई योजनाएँ बनायीं। भ्रष्टाचार, लचर-व्यवस्था, ग़ैर-ज़िम्मेदार सरकारी कर्मचारियों और अधिकारियों की वजह से इन योजनाओं का लाभ कई किसानों और ग़रीबों तक नहीं पहुँच पाया।

पिछले कुछ सालों में गाँव के लोगों में शिक्षा के प्रति जारूकता आने, लोगों के शिक्षित होने, संचार माध्यमों के बढ़ने की वजह से स्थिति में काफ़ी बदलाव आया है। लेकिन कोई भी आसानी से कल्पना कर सकता है कि आज से क़रीब पचास साल पहले स्थिति कैसी रही होगी।

सत्तर के दशक की शुरुआत में जब छुरिया में हर तरफ़ ग़रीबी के निशान दिखाई देते थे, उसी समय, साल 1971 में झड़ीराम यादव और सुमित्राबाई के घर एक लड़की का जन्म हुआ। माता-पिता ने बिटिया का नाम रखा फूलबासन। फूलबासन से पहले झड़ीराम यादव और सुमित्राबाई को दो संतानें हुई थीं। दोनों को पहले लड़का हुआ, जिसका नाम कांता प्रसाद रखा गया। लड़के के जन्म के दो साल बाद लड़की हुई और माता-पिता ने इसका नाम रखा कांति। कांति के जन्म के क़रीब तीन साल बाद फूलबासन का जन्म हुआ।

छुरिया के ज़्यादातर लोगों की तरह ही झड़ीराम यादव और सुमित्राबाई भी ग़रीब थे। इनकी हालत इस वजह से और भी ज़्यादा ख़राब थी क्योंकि इनके पास न ज़मीन थी, न जायदाद। उनके लिए अपनी जीविका चलाना एक कठिन चुनौती थी। मूलभूत ज़रूरतों को पूरा करने के लिए उन्हें बहुत संघर्ष करना पड़ता था। फ़सली मौसम में खेती-बारी का काम मिल जाता, तो दो जून रोटी का इंतज़ाम हो पाता। जिनके बहुत जानवर होते, वे उन्हें अगर चरवाने दे देते, तब भी पेट भरने का इंतज़ाम हो जाता, वरना भूखे ही रहना पड़ता।

सड़क किनारे चाय की एक टपरी थी, जिसकी वजह से रोटी को इंतज़ाम हो जाता था। इसी टपरी के ठीक पीछे थी एक झोपड़ी, जिसमें झड़ीराम यादव और

सुमित्राबाई अपने बच्चों के साथ गुज़र-बसर करते थे।झड़ीराम टपरी पर चाय बनाकर बेचते थे और सुमित्रा दूसरों के यहाँ बर्तन साफ़ करतीं और मज़दूरी भी।

गाँव में रोज़गार के अवसर ज़्यादा नहीं थे। खेती-बारी का काम या जानवार चराने पर मिलने वाला मेहनताना। यही दो ज़रिया थे रोज़ी-रोटी जुटाने के। काम नहीं तो रोटी नहीं। अपने बच्चों और पूरे परिवार का लालन-पालन, भरण-पोषण करना झड़ीराम के लिए आसान नहीं था। 'भूख' जीवन का अभिन्न हिस्सा बन गयी थी।

मनुष्य अगर भूखा हो, तब वह खाना खाता है। अगर भूख अपनी सारी हदों को पार कर जाए, तो वह इंसान को ही खा जाती है। भूख भयानक होती है, विकराल होती है।सुबह मिटाओ, शाम को फिर परेशान करने आ जाती है। ग़रीबी और भूख का साथ बहुत पुराना है। जब से ग़रीबी है, तभी से भूख है। ग़रीबी मिटे तो भूख मिटे। ग़रीबी न मिटे तो आदमी भूख से मर जाए। ग़रीबी की पराकाष्ठा का नतीजा भुखमरी है। जब भूख हावी हो जाती है, तो इंसान को चारों खाने चित कर देती है।

भूख की वजह से पेट में लगने वाली आग बहुत तड़पाती है। यह सुख-चैन तो छीनती ही है, नींद भी उड़ा देती है। इस तड़प से छुटकारा पाने के लिए कई लोग ग़लत रास्ते पर चल पड़ते हैं। कुछ की नीयत ख़राब हो जाती है। कुछ की प्रवित्ति आपराधिक हो जाती है। लेकिन कुछ लोग ऐसे होते हैं, जो लड़-लड़कर, हारकर भी फिर से खड़ा होने का साहस जुटा पाते हैं। झड़ीराम के परिवार ने भी भूख से कभी हार नहीं मानी। परिवार भूख से लड़ता, पस्त होता और फिर से लड़ने के लिए खड़ा होता जाता। कई बार परिवार अगर भूख के कारण घुटने टेक भी देता, तो ख़ुद को हौसला देकर फिर से खड़ा हो जाता था। अगर खाने के लिए बस एक रोटी होती, तो माँ-बाप उसे अपने बच्चों को दे देते और ख़ुद भूखे सो जाते। न जाने कितनी रातें झड़ीराम और उनके बच्चों ने भूखे पेट ही काटी थीं।

झड़ीराम और उनके परिवारवालों के सपने भी बड़े नहीं थे। सपने बड़े होते भी कैसे।भूखे पेट की आग सपनों को जला देती है। सारा परिवार बस इसी उम्मीद में जीता कि टपरी पर ग्राहकों का आना बना रहे। सुमित्रा को कहीं कोई मज़दूरी पर रख ले, मज़दूरी के बदले इतना अनाज दे दे, जिससे सभी का पेट भर जाए।

अज़ीब मजबूरी थी। क्या माँ-बाप, नन्हे बच्चे भी मज़दूरी करने को तैयार थे। दिन-रात एक करने को तत्पर थे। लेकिन हर दिन काम देने वाला कोई नहीं

था। काम की तलाश में सारा परिवार गाँव-गाँव, बस्ती-बस्ती घूमता था, लेकिन ज़्यादातर दिन सभी को खाली हाथ घर लौटना पड़ता। कई बार तो झड़ीराम के परिवारवाले यह जानकार ख़ुद को तसल्ली दे लेते कि उनके जैसे दुनिया में कई लोग हैं।

झड़ीराम स्वभाव से ईमानदार और स्वाभिमानी थे। ग़रीब थे, लेकिन मन में कभी कपट का, या फिर छल का भाव आने नहीं दिया। मेहनत की, मेहनताना मिला, उसी से गुज़र-बसर की।तंगी में किसी के सामने कभी हाथ नहीं फैलाये।

फूलबासन अपने पाँवों पर खड़े होकर चलने भर को हुई थीं कि घर-परिवार में एक और नये सदस्य का आगमन हुआ। झड़ीराम और सुमित्रा को चौथी संतान हुई। ग़रीब दंपति ने नयी संतान का नाम रखा ध्रुपति यादव। ध्रुपति के दो साल बाद हुईं सरस्वती।

उन दिनों परिवार-नियोजन जैसी बात लोगों को, ख़ासकर गाँवों में रहने वाले लोगों को, पता नहीं थी। दंपति चाहे अमीर हो या ग़रीब, वे संतान को ईश्वरीय देन मानते थे। ग़रीबी की मार झेलते हुए भी झड़ीराम और सुमित्रा अपना परिवार बढ़ाते रहे। ज़चगी में छठवीं बार लड़का हुआ। नाम रखा गया शैलेंद्र। शैलेंद्र के जन्म के क़रीब डेढ़ साल बाद लड़की जन्मी, नामकरण हुआ छवि।

इस तरह परिवार में कुल नौ जन हो गये। झड़ीराम-सुमित्रा और उनके सात बच्चे।

कमाई का कोई पता-ठिकाना नहीं था। आमदनी का कोई पक्का ज़रिया नहीं था। झड़ीराम और सुमित्रा पर सात बच्चों की परवरिश की ज़िम्मेदारी आ गयी।

मजबूरी के बोझ तले पिसता बचपन, घिसता बचपन

बहुत लोग कहते हैं कि बचपन आमतौर पर हर इंसान के जीवन का सबसे सुनहरा, मस्तीभरा और यादगार दौर होता है। कहा जाता है कि बचपन ख़यालों और ख़्वाबों का एक ऐसा दौर होता है, जिसमें पाने के लिए पूरी दुनिया होती है और खोने के लिए कुछ नहीं होता है। न ज़िम्मेदारियाँ और न ही ज़िम्मेदारियों का कोई अहसास। हर चीज़ ख़ूब डूबकर करने की चाहत और उस चाहत को पूरा करने के लिए कुछ भी कर गुज़रने का अदम्य साहस। एक ऐसा वक़्त, जिसे हर इंसान अपने जीवन में फिर से पाने की ख़्वाहिश रखता हो, वही है बचपन। बचपन, सच में अद्भुत होता है। इस अवस्था में जिसकी सबसे ज़्यादा बहुतायत होती है, वह है कल्पनाएँ। ढेरों संभावनाओं को संजोये ये वक़्त, एक बच्चे को असीम आकाश दिखाता है। ये एक ऐसा समय होता है, जब व्यक्ति इस छल-कपट भरी दुनिया से एकदम अनजान-सा होता है और बहुत ही सरल तरीक़े से इस जीवन में केवल ख़ुशी ही देखता है। लेकिन अफ़सोस की बात यह है कि आज के समय में चाहे-अनचाहे ही पूँजीवादी समाज का असर बचपन पर पड़ने लग गया है।

अफ़सोस! हर एक बच्चे का बचपन एक जैसा नहीं होता। यह कड़वा सच है कि बचपन हर किसी के जीवन में आता है, पर सबसे हिस्से में ख़ुशियों वाला बचपन नहीं आता।

अमीर और संपन्न बच्चों का जीवन अलग है और ग़रीब बच्चों का जीवन अलग। एक तरफ़ जहाँ सुविधाओं की कोई कमी नहीं है, वहीं दूसरी तरफ़ हर

चीज़ का अभाव है। एक तरफ़ उज्जवल भविष्य के सपने हैं, तो दूसरी तरफ़ भूख मिटाने के लिए रोटी की आस। एक तरफ़ फलता, फूलता, सँवरता बचपन है, तो दूसरी तरफ़ घुटता, पिसता और पसीजता बचपन।अमीरी में हर चीज़ की भरमार है, तो ग़रीबी में हर चीज़ का अभाव।

एक अमीर और मध्यमवर्गीय परिवार के बच्चों को उनकी इच्छा अनुसार हर चीज़ मिल जाती है, हर माँग ख़ुशी-ख़ुशी पूरी होती है। पर क्या, यही बात एक ग़रीब परिवार में पल-बढ़ रहे बच्चे पर लागू होगी? दुखद बात है कि समाज आज इन मासूम बच्चों का बचपन निर्धारित करता है। समाज में यह दिखावा ऐसा घर कर गया है कि बच्चों और उनके बचपन को भी ग़रीबी-अमीरी के तराजू पर देखा जाने लगा है। यहीं से शुरू होता है बच्चों में भेदभाव। उनके मन-मस्तिष्क पर ग़रीबी और अमीरी का कड़वा सच। यही कारण है कि तमाम कठिनाइयों की वजह से ग़रीब परिवार के बच्चों में ये मासूम बचपन का बुलबुला बहुत जल्दी फूट जाता है और उन्हें सपनों से जगाकर असली दुनिया के सामने लाकर खड़ा कर देता है। एक ऐसी हक़ीक़त के सामने जहाँ, जीने के लिए सिर्फ़ और सिर्फ़ भूखे पेट की आग की बुझाने की कोशिश जारी रहती है। सपने सिर्फ़ दो जून रोटी तक सीमित हो जाते हैं। लड़ाई सिर्फ़ पेट और रोटी के बीच सीमित होकर रह जाती है। रोटी पाने के लिए लड़ाई और जब रोटी मिल जाए, तो अगले वक़्त की रोटी कैसे मिले, इसकी चिंता। कच्ची बस्तियों में रहने वालो के पास कोई नहीं होता, जो उन्हें बाक़ी संसार से संभालकर रखे, उनकी ढाल बने। बस यही मुश्किलें इन बच्चों का बचपना वक़्त से पहले और ज़रूरत से ज़्यादा छीन लेती हैं।

एक ग़रीब बच्चा तो आम बच्चों की तरह घर पर नख़रे भी नहीं दिखा सकता। कभी ना-नुकूर भी नहीं कर सकता। अमीर घर के बच्चे कुछ भी करके अपना मनपसंद खाना बनवा ही लेते हैं, लेकिन कच्ची बस्ती में रहने वाले एक छोटे से बच्चे के पास नख़रे दिखाने की इजाज़त तक नहीं होती। उन्हें जो हाथ में दे दिया जाता है,वह चुपचाप ख़ुशी-ख़ुशी खा लेते हैं। उसके मन में तो बस यही सवाल होता है, अगर उसने दिया हुआ खाने से मना कर दिया, तो फिर आगे कुछ मिलेगा भी या नहीं।

कहते हैं कि ग़रीबी में पले-बढ़े बच्चे दरअसल बहुत जल्दी सयाने होने लगते हैं। वे अपने परिवार, आस-पड़ोस और दुनिया को जल्दी समझने लगते हैं। दुनिया के रीति-रिवाज़ से लेकर एक रोटी की असलियत को समझने लगते हैं। इसलिए

वे जानते हैं कि उनके सामने थाली में जो है, वही फ़िलहाल सबसे बड़ा सच है। वे यह भी जानते हैं कि इस सच के अलावा दूसरा कोई विकल्प नहीं है। ऐसा ही बचपन फूलबासन का था।

बचपन से ही फूलबासन ने अपने माता-पिता को यातनाएँ झेलते,कठिनाइयों का सामना करते देखा। फूलबासन छोटी ज़रूर थीं, लेकिन इतनी समझदार थीं कि अपने परिवार की हालत समझ सकें। हर वक़्त माता-पिता के माथे पर शिकन की रेखाओं को उन्होंने भाँप लिया था। माँ-बाबा को रोता देखकर उन्हें बुरा भी लगता और डर भी। फूलबासन कोशिश करतीं लेकिन इन आँसुओं का असली कारण नहीं जान पातीं। मन ही मन उन्हें इस बात का अहसास होता कि घर में सबकुछ ठीक नहीं है। रोज़मर्रा के कामों में फूलबासन इतना उलझ जाती थीं कि उनके पास खेलने के लिए समय ही नहीं बचता था और वे बस दूर से ही ख़ुश बच्चों को खेलता देख पाती थीं। फूलबासन ने यह बड़े अच्छे से समझ लिया था कि उनकी ज़िंदगी और बाक़ी बच्चों की ज़िंदगी में बहुत अंतर है। दूसरे बच्चों से वे बहुत अलग हैं।

जीवन की जद्दोजहद और बढ़ती उम्र का तालमेल भले न बैठा हो, लेकिन फूलबासन को गुज़रते समय के साथ अपनी ज़िंदगी का कड़वा सच पहले से ज़्यादा साफ़ और स्पष्ट समझ में आने लगा था।

एक दिन की बात है। काम करते-करते छोटी-सी फूलबासन को तेज़ भूख लगी। बच्ची ने सुबह से कुछ खाया नहीं था। बहुत देर से वह अपनी भूख को दबा रही थी, लेकिन एक छोटी-सी बच्ची की सहनशक्ति आख़िर कब तक साथ देती। वह कितनी देर इस पेट की आग को सहती? फूलबासन अपनी माता के पास जाकर खाने की माँग करने लगीं। माँ का मन सिहर उठा, पर माँ करती तो क्या। माँ का मन हुआ कि एक बार कह दे कि खाने को घर पर कुछ नहीं है। लेकिन क्या सचमुच वे अपनी बेटी से ऐसा कह पातीं? कौन माँ अपने बच्चे के लिए ऐसी बात कह सकती है। माँ सुमित्रा ने बेटी की भूख मिटाने के लिए एक तरकीब सोची।माँ ने फूलबासन से कुछ समय रुकने को कहा। माँ के लिए बहुत मुश्किल था, छोटी फूलबासन को सच बताना इसलिए उन्होंने रात तक इंतज़ार करने को कहा। माँ घर से बाहर निकल गयीं। समय बीतता गया और फूलबासन इंतज़ार करती रहीं। छोटी बच्ची हर पल खाने की प्रतीक्षा में लगी थी। मन ही मन सूरज को जल्दी से डूबने का आदेश देने लगीं ताकि जल्दी से रात हो और

उसके हाथ में खाना आ जाए। ग़रीब बच्चों के बचपन का एक बड़ा खेल होता है, खाना मिलना। आमतौर पर खाने के ईर्द-गिर्द ही उसका सारा खेल रहता है। फूलबासन का खेल भी यही है। सूरज जल्दी जाये और खाना उसके हाथ में आये। पर वक़्त किसी का कहना थोड़े न मानता है। वक़्त की तो अपनी रफ़्तार होती है। लाख टालने की कोशिश करो, वक़्त अपने समय पर ही टलता है।

इसी दौरान सुमित्रा ने अपने पति को ये पूरी घटना बतायी और दोनों बस जुट गये बच्ची के लिए भोजन का इंतज़ाम करने में। दोनों ने रुपये उधार लेने की कोशिश भी की, लेकिन उधार देने को कोई तैयार नहीं हुआ। सभी को यही लगता था कि एक बार अगर पति-पत्नी पैसे ले गये, तो वे पैसे कभी वापिस नहीं कर पाएँगे। उनके हालात ऐसे नहीं कि वे पैसे वापस कर सकें। वक़्त गुज़रता गया और दोनों की तमाम कोशिशों के बावजूद मन मुताबिक़ परिणाम उनके साथ नहीं था। न रोटी मिली, न एक मुट्ठी चावल।एक तरफ़ खाने का इंतज़ार कर रही बच्ची फूलबासन और दूसरी तरफ़ एक के बाद एक की गयी कोशिशों का असफल होना। माँ-बाबा के लिए इससे बुरी स्थिति क्या हो सकती है। रोज़ की तरह अंधेरे ने सूरज को ढंक लिया। हर तरफ़ कालिमा छाने लगी। समय के साथ रात और काली होती गयी और उनके हाथ मायूसी के सिवाय कुछ न लगा।

आख़िरकार थक-हारकर दोनों ने हिम्मत जुटायी और बेमन घर की ओर चल पड़े। बच्ची फूलबासन झोपड़ी की चौखठ पर बैठकर अपने माँ-पिता के आने का इंतज़ार कर रही थीं। दोनों को देखते ही वे ख़ुशी से उछल गयीं। वे उनकी तरफ़ दौड़ पड़ीं। बच्ची की उत्सुकता और आँखों की चमक देखकर दोनों अपने आप को रोक नहीं पाये और बिलखकर रोने लगे। फूलबासन को ज़्यादा समझ तो नहीं आया, पर वे इतना समझ गयीं कि माँ-बाबा के पास कुछ नहीं है, उन्हें देने के लिए। जैसे-तैसे अपने आँसू रोककर दोनों ने बच्ची को अगले दिन खाना लाकर देने का वादा किया। भूख से परेशान फूलबासन ने अपने माता-पिता की निराशा देखकर कुछ न बोलना ही ठीक समझा। फूलबासन को लगा कि माँ-बाप अगले दिन खाने का कुछ न कुछ इंतज़ाम करेंगे।

भूख की वजह से पेट में लगी आग को बर्दाश्त करना मुश्किल था। माँ-बाप भूखे, बच्चे सारे भूखे। माँ-बाप के लिए रात बड़ी भयानक थी। दोनों से अपने बच्चों की पीड़ा देखी नहीं जा रही थी। आँखों में पानी का समुंदर था। लेकिन दोनों ने अपनी आँखों में ऐसी बाँध बना ली कि एक बूँद आँसू आँखों से न गिरा। दोनों को

यह डर था कि अगर बच्चे उन्हें रोता हुआ देखेंगे, तो वे भी रोने लगेंगे और रोने से शरीर में जो कुछ ताक़त बची है वह भी ख़त्म हो जाएगी। माँ-बाप बेसब्री से पौ फटने का इंतज़ार करने लगे ताकि बच्चों के लिए रोटी का इंतज़ाम किया जा सके।जैसे ही उजाला हुआ, माँ-बाप बच्चों से उनके लिए रोटी लाने का वायदा कर घर से निकल पड़े। दोनों गाँव-गाँव भटके। अलग-अलग लोगों से मज़दूरी पर रख लेने का अनुरोध किया। काम पर रख लेने की गुहार लगायी। झड़ीराम और सुमित्रा कुछ मुट्ठी चावल के लिए कुछ भी करने को तैयार थे। गाय-भैंस, बकरी चराने को राज़ी थे। घर की साफ़-सफ़ाई करने के लिए भी लोगों के सामने हाज़िर थे।

सुबह से शाम हो गयी। किसी ने कोई काम न दिया। गाँव-गाँव जाने, दर-दर पर आवाज़ लगाने से भी कोई फ़ायदा न हुआ। सूरज जैसे ही अलविदा कहने को हुआ, झड़ीराम और सुमित्रा का माथा चकराने लगा। उनके सामने भूख से बेहाल अपने बच्चों की बेजान शक्लें घूमने लगीं। झड़ीराम ने फ़ैसला किया घर वापस लौटना होगा, वरना बच्चे और भी परेशान होंगे। लेकिन सुमित्रा का मन नहीं मान रहा था। माँ आख़िर माँ होगी है। वह जानती है कि अपने बच्चों की पीड़ा। बच्चा जब गर्भ में होता है, तभी से वह उसकी हर बात समझने लगती है। वह भूख को सबसे अच्छी तरह समझती है। सुमित्रा का मन पसीज गया। उसने अपने पति से घर लौटने को कहा। पति ने साथ चलने की ज़िद की। लेकिन सुमित्रा ने कहा कि वह कुछ और समय के लिए कोशिश करेगी। उसे लगा कि अकेली औरत को देखकर किसी के मन में दया आ जाए और कुछ काम सौंप दे जिसके बदले अगर मुट्ठी भर अनाज भी मिल गया तो उसके बच्चे आज रात भूखा नहीं सोयेंगे।

झड़ीराम ने घर का रास्ता पकड़ा। वैसे सुमिता अच्छे से जानते थीं कि सूरज के ढ़लने के बाद उन्हें कोई काम नहीं मिलेगा, वे तो बस अब अपने बच्चों के लिए दूसरों के सामने हाथ फैलाने का मन बना चुकी थीं। सुमित्रा को आभास था कि

झड़ीराम साथ रहे, तो उन्हें भीख माँगने नहीं देंगे। जैसे ही पति झड़ीराम आगे निकल गये, सुमित्रा एक परिचित के घर पहुँचीं। सुमित्रा ने उनसे कुछ मुट्ठी अनाज उधार देने को कहा। लेकिन उस परिचित ने मदद करना तो दूर, घर में चिराग़ जलाने के समय आकर मनहूसियत लाने की बात कहते हुए डाँट दिया। सुमित्रा दूसरे के यहाँ गयीं। यहाँ भी उनके हाथ मायूसी ही लगी। उस रात सुमित्रा कई लोगों के यहाँ गयीं। कहीं उधार माँगा, कहीं भीख। हाथ में अन्न का एक

दाना तक किसी ने न दिया। भूख मिटाने के लिए भीख भी न मिली। जब तक गाँवों के सभी घरों के दरवाज़े बंद न हुए, तब तक सुमित्रा दर-दर जाती रहीं। दर-दर ठोकर ही खायी, पर ज़ख़्म और मायूसी के सिवाय कुछ न मिला। सुमित्रा को लगा कि शायद लोगों में ज़रूरतमंदों की मदद की भावना समाप्त हो गयी है, शायद इंसानियत ही मर गयी है।

मिट्टी से सने और बिखरे बाल, सूखे होंट, मायूसी और दर्द छलकाते चेहरे, मैली-फटी साड़ी में माँ को खाली हाथ देखकर बच्चे समझ गये कि आज रात भी पेट की आग में जलना होगा।

उम्मीद इंसान को ज़िंदा रखती है। उम्मीद से हौसला बनता है और बढ़ता भी। उम्मीदों का मरना मतलब अंत की तरफ़ बढ़ना है।

सुमित्रा ने बच्चों को यह कहकर समझाने की कोशिश ही कि अगली सुबह उन्हें खाने के लिए ज़रूर कुछ मिलेगा। चूँकि माँ ने कहा था, बच्चों से विश्वास कर लिया। बच्चे भी अच्छी तरह जानते थे कि इस दुनिया में माँ ही उनकी सब कुछ है। माँ अकेली ऐसी शख़्स जो सच है, विश्वास है।

माँ ने बच्चों को पानी पिलाया। पानी से पेट भरकर बच्चे लेट गये। बच्चों के दुबले-पतले बदन देखकर माँ की छाती फटने को हुई। वे कभी सोचतीं, काश! हमें बच्चे हुए ही न होते। वे ईश्वर से प्रार्थना करने लगीं कि किसी ग़रीब के घर में बच्चा न जन्मे। सुमित्रा अपनी लाचारी के लिए क़िस्मत को कोसने लगीं। कभी-कभी सुमित्रा के मन में यह ख़याल भी आता कि ऐसी ज़िंदगी से मौत बेहतर है।

झड़ीराम और सुमित्रा फिर इस चिंता में डूब गये कि अगले दिन कुछ मिलेगा या नहीं।

एक और काली रात बीती। सुबह हुई। फिर झड़ीराम और सुमित्रा काम और रोटी की तलाश में घर से निकले। फिर वही हुआ तो पिछले दिन हुआ था। हर दर पर मायूसी मिली। सुमित्रा ने इस बार इस बात की परवाह न की कि पति झड़ीराम के स्वाभिमान का क्या होगा? उन्होंने पति की मौजूदगी में ही लोगों के सामने अपने हाथ फैला दिये। फिर भी लोगों को न तरस आयी, न ही उनका दिल पसीजा। एक बार तो सुमित्रा एक सेठानी के पाँव पर गिर पड़ीं। सेठानी के पास सब कुछ था। वे एक नहीं बल्कि कइयों गाँवों के ग़रीबों की भूख मिटा सकती थीं। लेकिन सेठानी ने भी एक मुट्ठी अनाज न दिया। मायूस झड़ीराम और सुमित्रा

घर लौट आये। बच्चों से फिर वही बात कही गयी। अगली सुबह के सपने दिखाये गये। फिर पानी पिलाकर पेट भरा गया।

लेकिन इस रात माँ के दिल की धड़कन तेज़ हो गयी थी। जब भी वे अपने बच्चों की ओर देखतीं, उनकी हालत देखकर उन्हें डर लगने लगता। डर था कि कहीं भूखे पेट की आग उनके बच्चों की साँसें ने रोक ले। माँ का डर जायज़ भी था। वैसे भी मनुष्य के मन-मस्तिष्क पर भय का बहुत ही बुरा प्रभाव पड़ता है। भय शरीर के साथ-साथ आत्मा को भी कंपित करता है। भय के कारण अच्छे-अच्छे लोग ढीले पड़ जाते हैं। मनुष्य पर भय का जितना प्रभाव पड़ता है, उतना किसी अन्य का नहीं। प्रेम, चिंता, निराशा, हानि, ये सब मन को अवश्य दुखित करते हैं, लेकिन सबसे बुरा असर भय की वजह से होता है।

बच्चे तीन दिन से भूखे थे। पेट में अन्न का एक दाना भी नहीं गया था। किसी बच्चे का शरीर पीला पड़ गया था, तो किसी की आंतें सिकुड़ी जा रही थीं।

माँ ने आसपड़ोस में भूख की आग में जलकर कुछ लोगों को मरते देखा था। भुखमरी का शिकार लोगों की व्यथा सूनी थी। यही सब बातें सुमित्रा को याद आने लगीं तो मन को बुरे ख़यालों ने जकड़ लिया। मन में यह ख़याल भी आया कि नन्ही जानें कब तक बिना खाये ज़िंदा रह सकती थीं। ईश्वर से दुआओं को दौर शुरू हुआ।

माँ को रातभर नींद नहीं आयी। सुबह फिर जद्दोजहद शुरू हुई। सिर्फ़ दिन बदला था। क़िस्मत नहीं। वही सिलसिला दुहराया। सुबह से शाम हुई, मुट्ठी-भर अनाज न मिला।

एक दिन क़िस्मत बदली। एक ज़मींदार को चरवाहे की सख़्त ज़रूरत पड़ी। ज़मींदार के दर जब झड़ीराम और सुमित्रा पहुँचे, तब उसे इन दोनों के ज़रिये अपनी ज़रूरत पूरी होती जान पड़ी। ज़मींदार ने अपने जानवर झड़ीराम और सुमित्रा को चराने के लिए सौंप दिये। ख़ुशी-ख़ुशी जानवरों को लेकर दोनों जंगल की तरफ़ बढ़ गये। जानवरों को चराने के बाद जब शाम को दोनों ज़मींदार के यहाँ लौटे, तो उन्हें मेहनताना मिला। इतना मेहनताना मिल गया कि घर में चूल्हा जलने और सभी जन का पेट भरने की स्थिति आ गयी।

झड़ीराम और सुमित्रा आटा, चावल और कुछ सब्जियाँ लेकर घर पहुँचे। माँ-बाप के चेहरे पर ख़ुशी देखकर बच्चे समझ गये कि आज उन्हें खाना मिलेगा।

और हुआ भी ऐसे ही। पूरे चार दिन बाद घर पर चूल्हा जला और चार दिन बाद ही बच्चों को कुछ ताज़ा और गरम खाने को मिला। जो अनाज घर लाया गया था उसका पकवान बनाकर माँ से सभी को खिला दिया, अगले दिन के लिए कुछ बचा ही नहीं।ग़रीब को जब भी भोजन मिलता है, वह खा लेता है। ग़रीब के लिए भोजन की प्राप्ति ही परमानंद की प्राप्ति है। ग़रीबी की वजह से जो कई दिनों तक भूखा रहा हो, वही व्यक्ति रोटी की असली कीमत जानता है। एक रोटी स्वर्ग-सी अनुभूति करती है, यह बात ग़रीब से ज़्यादा बेहतर ढ़ंग से कोई नहीं समझता।

बच्चे जब रोटियाँ खा रहे थे, तब उनके चेहरे पर जो ख़ुशी थी, उसे देखकर माँ बहुत भावुक हो गयीं। सुमित्रा ने अपने सभी बच्चों को गले से लगा लिया और हर एक का गला चूमने लगीं।

ज़मींदार के यहाँ कुछ दिनों तक काम चला। लेकिन जिस दिन ज़मींदार को अपने गाँव में ही काम करने वाले मिले गये, उसने झड़ीराम और सुमित्रा को 'राम-राम' कह दिया।

फिर नौबत वैसी हो गयी। वही सिलसिला शुरू हुआ। दर-दर भटकना, मायूस लौटना, बच्चों को अगले दिन की आस दिलाना।

एक रात की बात है। घर पर तीन दिल से चूल्हा नहीं जला था। बच्चे पानी पी-पीकर जी रहे थे। आधी रात होने को थी। सभी बच्चे सो गये थे। अचानक फूलबासन की नींद टूटी। उन्हें किसी के रोने की आवाज़ सुनायी दी। पाँच साल की फूलबासन को यह समझने में देर न लगी कि यह उनकी माँ के रोने की आवाज़ है। वे झोपड़ी से बाहर आयीं तो देखा कि माँ रो रही हैं और पिता उन्हें ढाढ़स देथे। उम्र कच्ची थी, लेकिन फूलबासन समझ गयीं कि माँ की सारी पीड़ा बच्चों की भूख को लेकर ही है।

फूलबासन माँ के पास गयीं। जैसे ही माँ से बेटी को देखा झट-से अपने आँसू पोछने शुरू किये और अपनी लाड़ली को गले से लगा लिया और दुलार करने लगीं।नन्ही फूलबासन ने एक बड़ा फ़ैसला किया। फ़ैसला था, खाने के लिए माँ से कभी कुछ न कहने का। फूलबासन जान गयी थीं कि माँ सिर्फ़ अपने बच्चों का पेट भरने के लिए ही दिन-रात मेहनत करती हैं और बच्चों को खाना न खिला पाने पर बहुत परेशान होती हैं।

विपत्ति के सताये हुए झड़ीराम और सुमित्रा अगली सुबह फिर रोज़-रोटी की तलाश में घर के बाहर निकले। यह सिलसिला लगातार जारी रहा। कभी काम मिलता, कभी नहीं। जिस दिन काम मिलता, उस दिन बच्चों को भोजन मिलता और जिस दिन नहीं मिलता, उस दिन बच्चे भूखे पेट ही लेट जाते।

बच्चों ने कई दिन और कई रात भूखे पेट ही काटे थे। कई बार तो तीन-चार दिन तक अन्न का एक दाना तक नसीब नहीं हुआ था।

एक बार जब दो दिन तक घर पर चूल्हा नहीं जला, तब माँ के मन में एक ख़याल आया। ऐसा ख़याल भूख की आग ही किसी के मन में ला सकती है। सुमित्रा उन सभी जगह गयीं, जहाँ लोग रात्रिभोज के बाद बचा हुआ खाना फेंक देते हैं। सुमित्रा ने यहीं से रोटियों के कुछ टुकड़े जुटाये और उन्हें लेकर घर की तरफ़ दौड़ीं। पानी से रोटी के इन टुकड़ों को धोया और अपने बच्चों को दे दिया। बच्चों ने जैसी ही रोटी के टुकड़े देखे, वे उन पर झपट पड़े। कुछ ही पलों में सारे टुकड़े बच्चों के पेट में जा चुके थे। माँ को कुछ राहत मिली। लेकिन वे ख़ुद को इस बात के लिए कोस रही थीं कि उन्हें फेंके हुए झूटन से रोटियाँ लाने का ख़याल पहले क्यों न आया।

अब रोटी का इंतज़ाम होने लगा था। काम मिलता तो घर पर चूल्हा जलता। काम न मिलने पर माँ कभी मंदिर के पास, तो कभी किसी सेठ के घर के कूड़ेखाने के पास जातीं और वहाँ फेंके हुए में कुछ खाने लायक़ होता, तो उसे बच्चों के लिए उठा लातीं। लोगों की फेंकी हुई रोटियों ने भी बच्चों के पेट की आग को बुझाना शुरू किया।

कांताप्रसाद और कांति थोड़े सयाने क्या हुए, झड़ीराम और सुमित्रा अपने सबसे बड़े बेटे और सबसे बड़ी बेटी को काम की तलाश में अपने साथ ले जाने लगे। काम करने वाले जब दो से चार हुए, तो परिवार को झूटन से छुटकारा मिला।

मज़दूरी करनेपर जो मेहनताना मिलने लगा, उससे झड़ीराम ने चाय की टपरी को फिर से शुरू किया। धीरे-धीरे टपरी पर लोग गुटने लगे। टपरी सड़क किनारे थी। सड़क से कई गाड़ियाँ गुज़रती थीं। कई ट्रक-चालक, कार-चालक चाय से अपनी थकान मिटाने के लिए झड़ीराम की टपरी पर रुकने लगे।

सुमित्रा अपनी बड़ी बेटी कांता को साथ लेकर काम की तलाश में जातीं और झड़ीराम अपने बड़े बेटे कांताप्रसाद को साथ लेकर टपरी चलाने लगे। बात साफ़ थी। ग़रीबी दूर नहीं हुई थी। भुखमरी के हालात दूर हुए थे।

अपने बड़े भाई और अपनी बड़ी बहन को माँ-बाप की मदद करता देखकर पाँच साल की फूलबासन ने भी काम करना शुरू दिया। फूलबासन ने पिता की टपरी पर झूठे गिलास और बर्तन साफ़ करना शुरू किया। अपने माता-पिता के साथ लगातार काम करते-करते फूलबासन ने वे सारी तकलीफ़ें समझ ली थीं, जिनका सामना उनके माता-पिता को करना पड़ रहा था। दोनों अभिभावक दिन-रात काम करते, लेकिन कुछ ख़ास कमा नहीं पाते थे।

जिस उम्र में बच्चे स्कूल जाते हैं, हाथ में किताबें और कलम होती हैं या फिर खिलौने होते हैं, उस उम्र में फूलबासन, क्रांति और कांताप्रसाद मज़दूरी करने लगे थे। मज़दूरी नहीं करते तो भूख की आग में जल रहे होते।

भुखमरी से बचने के लिए बचपन पिसा जा रहा था। यही वह वक़्त था, जब फूलबासन के सामने एक के बाद एक करते हुई कड़वी सच्चाइयाँ सामने आ रही थीं। हर सच एक नया ज़ख़्म दे रहा था।

ग़रीब और पराया धन होने के अहसास ने किया मायूस

पिता की टपरी के पीछे कुछ दूरी पर एक सरकारी स्कूल था। स्कूल में खेलने-कूदने के लिए बड़ा मैदान भी था। अमूमन हर दिन फूलबासन देखा करतीं कि कई सारे बच्चे हर दिन एक निर्धारित समय पर स्कूल आते हैं और फिर एक निर्धारित समय लौट जाते हैं। कई दिन ऐसे भी होते हैं, जब कोई नहीं आता। पाँच साल की फूलबासन का जिज्ञासु मन यह जानने की कोशिश करता है कि आख़िर छोटे-बड़े, सभी बच्चे स्कूल क्यों आते-जाते हैं। स्कूल में क्या होता है?

फूलबासन अक्सर देखतीं कि मैदान में लड़के-लड़कियाँ खेलते-कूदते हैं। बच्चे ख़ूब हँसते भी हैं। फूलबासन को अहसास हो गया कि जो ख़ुशी और हँसी उन बच्चों में है, वह उनके जीवन में नहीं है।

इंसानी मन-मस्तिष्क हमेशा तुलना करता है। बच्चे अक्सर दूसरे बच्चों से ख़ुद की या अपने खिलौने की या अपनी किसी दूसरी चीज़ की तुलना अवश्य करते हैं। नन्ही फूलबासन भी अपनी तुलना स्कूल आने वाले उन बच्चों से करने लगीं। फूलबासन को यह अहसास हो गया कि उनमें और दूसरे बच्चों में बहुत अंतर है। लेकिन फूलबासन के मन में और भी कई सवाल थे। इन्हीं सवालों में एक था कि आख़िर स्कूल में होता क्या है?

एक दिन फूलबासन किसी को बताये बग़ैर स्कूल की तरफ़ चली गयीं। फूलबासन ने देखा कि वहाँ अलग-अलग कमरे हैं। इन कमरों में लड़के-लड़कियाँ मेज पर बैठे हुए हैं और कोई उनसे कुछ बोल रहा है। फूलबासन को समझने में

देर न लगी कि बच्चों को उनकी उम्र के हिसाब से साथ बिठाया जाता है। छोटे बच्चों को एक कमरे में, उनसे बड़े बच्चों को दूसरे कमरे में और इनसे भी बड़े बच्चों को अलग कमरे में बिठाया जाता है। बच्चों के लिए मैदान में झूले भी लगे हुए हैं और बारी-बारी से बच्चे आकार इन झूलों पर खेलते हैं।

जिस बात ने फूलबासन ने मन-मश्तिष्क पर सबसे ज़्यादा असर किया, वह थी इन बच्चों के चेहरे पर की हँसी। फूलबासन ने याद करने की बहुत कोशिश की कि वे कब हँसी थीं। लेकिन लाख कोशिश के बाद भी उन्हें याद नहीं आया कि वे कब हँसी थीं। एक बार तो उन्हें ऐसे लगा कि वे कभी हँसी ही नहीं। एक और चीज़ थी, जिसने फूलबासन का ध्यान बहुत ज़्यादा आकर्षित किया था। यह चीज़ थी किताब। किताब का मतलब फूलबासन को मालूम नहीं था। हक़ीक़त तो यह थी कि 'किताब' शब्द से भी फूलबासन का परिचय नहीं हुआ था। क़रीब एक-दो घंटे तक स्कूल में गतिविधियों को देखने के बाद फूलबासन लौट आयीं। वे गयी तो कई चीज़ों के बारे में जानने की इच्छा के साथ, लेकिन एक प्रबल इच्छा साथ लेकर वापस टपरी पर लौटी थीं। यह इच्छा थी, दूसरे बच्चों की तरह स्कूल जाने की।

स्कूल से लौटते ही फूलबासन टपरी पर साफ़-सफ़ाई के काम पर लग गयीं। लेकिन अब उनके मन में यह ख़याल घर कर गया था कि उन्हें भी दूसरे बच्चों की तरह स्कूल जाना है। फूलबासन को यह समझ में नहीं आ रहा था कि माँ-बाप को अपनी यह इच्छा कैसे और कब बतायी जाए।

इसी बीच फूलबासन की एक आदत बन गयी। वे हर दिन स्कूल की तरफ़ जातीं और बच्चों को पढ़ता-लिखता, खेलता-कूदता देखतीं और लौट आतीं।

एक दिन फूलबासन से रहा नहीं गया। घर पर जब सब मौजूद थे, तब फूलबासन ने अपने पिता से कहा, "मैं भी स्कूल जाना चाहती हूँ।" फूलबासन ने बस इतना ही कहा था। यह बात सुनकर पिता के चेहरे पर भाव बदल गये। पिता ने फूलबासन से कहा, "तुम स्कूल जाकर क्या करोगी? तुम्हें तो ससुराल जाना है। चूल्हा जलाना है। बेटियाँ थोड़े ही स्कूल जाती हैं, वे तो ससुराल जाती हैं। चूल्हे-चौके का काम करती हैं।"

पिता की इन बातों से फूलबासन को बहुत मायूसी हुई। मन दुखी हुआ। उन्हें अपने पिता से इस तरह की बातों की उम्मीद नहीं थी। उन्हें लगता था कि पिता उनकी बात झट से मान लेंगे।

किसी तरह फूलबासन ने ख़ुद को संभाला और ज़िद करते हुए बोलीं, “बाबा, मुझे स्कूल में भर्ती करा दो।”

पिता ने पहली बार फूलबासन को इस तरह कुछ माँगते हुए देखा था। फूलबासन ने कभी किसी चीज़ की कोई माँग नहीं की थी। जो मिला उसी से संतुष्ट हुईं। माँ-बाप की हर बात मानी। सब कुछ सहा। भूख से लगने वाली आग में कई दिन, कई रात जलीं, लेकिन कभी शिकायत नहीं की। शुरू से ही फूलबासन स्वभाव से बहुत ही सहज और शांत थीं। लेकिन पिता को लगा कि वे आज अपनी बात बनवाये बग़ैर राज़ी नहीं होंगी।

मौक़े की नज़ाकत को भाँपकर पिता ने कहा, “बेटी, हम ग़रीब हैं। ग़रीब के बच्चे स्कूल नहीं जाते। स्कूल जाने पर ख़र्च होता है। कभी-कभी तो हमारे पास खाने के लिए रोटी जुटाने तक तो पैसे नहीं होते हैं। हम ग़रीब हैं।”

पिता की ये बातें सुनकर फूलबासन ने फिर कुछ न कहा।

लेकिन पहली बार दो बड़ी बातों का अहसास फूलबासन हो हुआ। पहली बात, परिवार ग़रीब है। दूसरी बात,वे बेटी हैं और ससुराल जाएँगी।

फूलबासन ने अपनी ज़िंदगी में पहली बार ‘ग़रीब’ शब्द सुना था। वह अब यह जानने-समझने में लग गयीं कि ‘ग़रीब’ का मतलब क्या होता है।

एक और बात जिससे फूलबासन को बहुत पीड़ा हुई थी, वह थी बेटा और बेटी में अंतर किया जाना। उन्हें यह बोध हुआ कि उनके परिवार में लड़का और लड़की में भेद किया जाता है। फूलबासन को यह बात याद आयी कि उनके बड़े भाई कांताप्रसाद को तो स्कूल भेजा गया, लेकिन बड़ी बहन क्रांति को कभी स्कूल नहीं भेजा गया। पाँच साल की मासूम लड़की के मन में यह बात बैठ गयी कि उन्हें भी स्कूल नहीं भेजा जाएगा।

इस घटना ने फूलबासन के मन-मश्तिष्क पर गहरी छाप छोड़ी। इस घटना की वजह से उनके कई सपने चकनाचूर हुए थे।

यह एक ऐसी घटना थी, जिससे आसानी से समझा जा सकता है कि ग़रीब बच्चे क्यों जल्दी प्रौढ़ हो जाते हैं? हक़ीक़त तो यह है कि जब जीवन की असलियत वक़्त से पहले पता चल जाती है, तो बचपना छिन जाता है। फूलबासन के साथ यही हुआ। उन्होंने मन ही मन मान लिया कि उन्हें ख़ुशी-ख़ुशी भरपूर बचपन जीने का अधिकार नहीं है। उनके पास यह भी अधिकार नहीं है कि वे

जब चाहे, जैसे चाहे करें। उनके सामने विषम हालात थे और इस स्थिति में उन्हें मालूम चल चुका था कि उनकी हर कोशिश भूख को मिटाने के लिए होनी चाहिए। खाना सबसे बड़ा सच है और उसके लिए तमाम जद्दोजहद उठाना ही ज़िंदगी का एकमात्र लक्ष्य है। इसके अतिरिक्त ज़िंदगी कुछ भी नहीं। पाँच साल की छोटी उम्र में फूलबासन का ज़िंदगी के सबसे कटु सत्य से सामना हो गया।

आधी रोटी भी छीन ली जाती

अगली सुबह से फूलबासन चाय की टपरी पर जी-जान लगा कर माँ-बाबा का हाथ बँटाने लगीं। लेकिन परेशानी की बात यह थी कि घर के तीनों बड़े बच्चों के भी काम पर लग जाने के बाद भी परिवार की आर्थिक स्थिति में कोई ख़ास अंतर नहीं आ पाया। अब भी कई बार हालात ऐसे बन जाते कि परिवार को दो-दो दिन तक भूखे रहना पड़ता।

छोटी फूलबासन ने ठान ली कि उन्हें कुछ बड़ा काम पकड़ना पड़ेगा ताकि वे कुछ पैसे कमाकर अपने परिवार की सहायता कर सकें। बस फिर बिना देरी किये छोटी फूलबासन जुट गयीं काम ढूँढने में। फूलबासन की खोज जल्द ही ख़त्म हुई। एक अमीर किसान के यहाँ उन्हें पशुओं को चारा खिलाने और शाम तक वापस सही सलामत घर लाने की नौकरी मिली। इस नौकरी में परिश्रम तो था, लेकिन पारिश्रमिक प्रतिदिन मिल रहा था। भले ही इस नौकरी ने उन्हें घर पर आर्थिक सहयोग देने में सक्षम बना दिया था, लेकिन फूलबासन की मेहनत के सामने पैसे बेहद मामूली थे। यह स्थिति गाँवों में होने वाले शोषण की तस्वीर बयान करती है। मज़दूरी कर रहे लोगों को उनकी मेहनत का सही मेहनताना तक नहीं मिलता। असल में ग़रीब लोगों के सामने हालात इतने अनुकूल नहीं होते हैं कि वे कम से कम पैसे में भी मिलने वाले काम को ठुकरा दें। इसलिए हर हाल में काम के लिए राज़ी होना पड़ता है। उन्हें लगता है कि 'न' से 'हाँ' में कुछ कमाई तो हो ही जाएगी। जेब में कुछ पैसे तो आएँगे। पेट में अन्न तो जाएगा। ऐसा ही कुछ फूलबासन के साथ भी हो रहा था।जुत-जुत मरें बैलवा, बैठे खाय तुरंग।

फूलबासन रोज़ काम ख़त्म कर थकी-हारी शाम तक ही घर आ पाती थीं। बहुत बार तो मालिक उन्हें मेहनताना न देकर केवल आधी चपाती देते थे। फूलबासन जब भी रोटी खाने बैठतीं, भाई-बहनों की शक्लें आँखों के सामने आ जातीं। रोटी के लिए तरसतीं और तड़पती शक्लें फूलबासन की भूख मिटाने के लिए काफ़ी होती थीं। वे रोटी अपने परिवार के लिए छुपा कर रख लेती थीं। जैसे ही फूलबासन रोटियों के साथ घर में क़दम रखतीं, उनके सारे भाई-बहन उनकी तरफ़ आशा-भरी नज़रों से देखने लग जाते और हाथ में रोटी रखते ही सब एक-दूसरे के साथ एक-एक टुकड़े के लिए लड़ने लगते। अपने परिवार की ऐसी हालत देख फूलबासन के आँखों में आँसू आ जाते। भले ही फूलबासन की उम्र बहुत छोटी थी, लेकिन ये दृश्य उनके दिल में ऐसे घर कर गया था कि जब भी वे इस पल को याद करतीं, एकाएक आँखों से बाढ़ आ जाती। मासूम-सी उम्र में ही अपने छोटे भाई-बहनों को रोते-बिलखते, रोटी के लिए लड़ते देखकर फूलबासन बहुत समझदार बन गयीं। इसी कारण वे परिवार की स्थिति ठीक करने के लिए काम के प्रति पूरी तरह समर्पित हो गयीं।

जज़्बात की बारिश में भीगा पिता का मन

जुलाई का महीना था। बरसाती हवा ने रफ़्तार पकड़ ली थी। आयी बरखा बहार थी। एक दिन फूलबासन टपरी पर काम कर रही थीं कि बारिश शुरू हो गयी। झमाझम बारिश हुई। कई राहगीर इस मौसम में गरम चाय का मज़ा लेने के लिए झड़ीराम की टपरी पर जमा हुए। आम दिनों के मुक़ाबले लोग ज़्यादा थे, इसी वजह से सभी के हाथ-पाँव लगातार चल रहे थे। फूलबासन झूठे गिलास और प्लेट साफ़ करने में व्यस्त थीं। अचानक फूलबासन का ध्यान स्कूल की तरफ़ गया। उनके मन में ख़याल आया कि आख़िर इस मूसलाधार बारिश में बच्चे क्या कर रहे होंगे? क्या मास्टर उन्हें कुछ पढ़ा-लिखा रहे होंगे या फिर सभी आसमान से बरसते पानी को देख रहे होंगे। एक बार तो फूलबासन को लगा कि जहाँ बादल गरज रहे हों, धरती पर पड़ने के बाद बारिश की बूँदों से मधुर ध्वनि निकल रही हो, मौसम बेहद ख़ूबसूरत और सुहाना हो, तो कोई क्यों भला किताबों में आँखें गढ़ाये बैठा होगा?

फूलबासन का चंचल मन बार-बार स्कूल की तरफ़ ही जा रहा था। क़रीब डेढ़-घंटे के बाद जब बारिश थमी और टपरी पर लोग एक्का-दुक्का ही रहे, तब फूलबासन ख़ुद को रोक नहीं पायीं। जिज्ञासु मन फूलबासन को स्कूल की ओर खींच ले गया। स्कूल पहुँचकर फूलबासन ने देखा कि मैदान में कीचड़ जम चुकी है और बच्चे इसी कीचड़ में खेल-कूद रहे हैं। लड़कियाँ झूले झूल रही हैं। हर तरफ़ मौज-मस्ती है। हर चेहरे पर ख़ुशी है।

फूलबासन ने जब इन बच्चों को चिंतामुक्त और प्रसन्नचित खेलता हुआ देखा, तो ख़ुद को अकेला और बेसहारा महसूस किया। वे यह सोचने लगीं कि

क्या वजह है कि उनका जीवन इन बच्चों से बिल्कुल अलग है। क्यों वे दूसरे बच्चों की तरह स्कूल नहीं जा सकतीं, क्यों वे भी बच्चों की तरह झूला नहीं झूल सकतीं? इन्हीं सवालों ने फूलबासन को उदास कर दिया। बादल गरज और बरस कर जा चुके थे। फूलबासन का मन इतना उदास था कि पीड़ा आँखों से आँसुओं की धार के रूप में बह निकली।

फूलबासन ने फ़ैसला कर लिया। अब चाहे जो हो जाए, वे अपने माता-पिता को उन्हें स्कूल भिजवाने के लिए राज़ी करने के बाद ही चैन से बैठेंगी। फूलबासन दौड़ी-दौड़ी टपरी लौट आयीं। टपरी आते ही वे अपने पिता से लिपट गयीं और उनसे कहने लगीं, "बाबा, मुझे स्कूल भेजो न, मैं स्कूल जाना चाहती हूँ। पढ़ना चाहती हूँ।" पाँच साल की मासूम बेटी की आँखों में पानी देखकर पिता का मन पिघल गया। झड़ी राम को अहसास हो गया कि अगर स्कूल नहीं भेजा गया, तो फूलबासन उदास ही रहेंगी और किसी काम में उनका मन नहीं लगेगा। पिता का मन बदल गया। उन्होंने फूलबासन को स्कूल भेजने का मन बना लिया और फूलबासन से कहा कि जिस दिन किताब, कलम, दवात के लिए रुपयों का इंतज़ाम हो जाएगा, उसी दिन उनकी भर्ती स्कूल में करा दी जाएगी।

ये बातें सुनते ही फूलबासन ख़ुशी से झूम उठीं। चंचल मन फिर बेकाबू हो गया। हसीन सपने बुने जाने लगे।

सच ही है, बारिश का मौसम परिवर्तन लाता है। ऐसा परिवर्तन जो आँखों और दिल, दोनों को सुकून देता है। गर्मी के दिनों के ख़त्म होने पर आता का बारिश का मौसम। गर्मी के दिनों में कुएँ, तालाब, नदी सब सूख जाते हैं। हर जगह पानी की कमी होती है। चिलचिलाती धूप जीना मुश्किल कर देती है। इंसान ही नहीं, जानवर और पक्षी भी परेशान हो जाते हैं, बेहाल हो जाते हैं।

जैसी ही बारिश का मौसम आता है, हर जगह परिवर्तन साफ़ दिखाई देने लगता है। तेज धूप की वजह से झुलसी और सूखी धरती को भी बारिश से सुकून मिलता है। सभी की प्यास बुझती है। मैदानों पर हरियाली छा जाती है। गाय, भैंस, बकरी जैसे जानवारों को खाने के लिए हर तरफ़ घास होती है। एक बार फिर नदियाँ, तालाब, कुएँ पानी से भर जाते हैं।

बारिश के मौसम के आते ही सबसे ज़्यादा ख़ुश किसान होते हैं।किसान खेतीबाड़ीमें लग जाते है।खेतीबाड़ीका मतलब ख़ुशहाली। जितनी अच्छी बारिश,

उतनी अच्छी फ़सल। जितनी अच्छी फ़सल, उतनी अच्छी आमदनी। जितनी ज़्यादा आमदनी, उतनी ज़्यादा खुशियाँ।

बारिश की वजह से खेतों में काम शुरू होने से मजदूरों को भी रोज़ी-रोटी मिलने लगती है। सभी प्राणी अपने-अपने तरीक़े से बारिश के मौसम का स्वागत करते हैं।

जिस तरह मनुष्य के जीवन में सुख और दुख का चक्र चलता रहता है, उसी तरह प्रकृति भी मनुष्य को भिन्न-भिन्न रूपों में सुख और दुख का अहसास कराती रहती है। बारिश ऐसा परिवर्तन लाती है, जिससे राहत मिलती है, सुकून मिलता है, भविष्य उज्जवल नज़र आता है।

उस दिन की बारिश ने झड़ीराम में भी एक परिवर्तन लाया था। इस परिवर्तन की वजह से वे अपनी लाड़ली बिटिया की भावनाओं को समझ गये थे।

बारिश की बूँदों ने गजब का काम किया था। इन बूँदों ने ख़्वाहिशों के बीज को जीवित कर दिया था।

जिसके पास नहीं पैसा, वह भला मानस कैसा

ग़रीब के जीवन में ख़ुशियाँ ज़्यादा समय तक नहीं रहतीं। ख़ुशी को फ़ुर्र होने में समय नहीं लगता। झड़ीराम और सुमित्रा के जीवन में भी यही होता रहा। मुश्किलों का दौर थमने का नाम नहीं लेता था। कुछ दिनों की रौनक के बाद चाय की टपरी का काम फिर धीमे पड़ गया। हालात ऐसे बने कि झड़ीराम का परिवार गुज़र-बसर के लिए ज़रूरी पैसा भी नहीं कमा पा रहा था। स्थिति इस कदर बद से बदतर हो गयी कि फूलबासन की माँ को खाने के लिए एक बार फिर भीख माँगने निकलना पड़ा। भूखे बच्चों को साथ लेकर माँ पड़ोसियों के घर जाकर अंचल पसारने लगीं। दर-दर पर गुहार लगायी जाने लगीं। सुमित्रा कहतीं, "आज अगर मेरे बच्चे कुछ नहीं खाये, तो भूखे मर जाएँगे।" इतना मार्मिक शब्द सुनने के बाद भी कई लोगों के कानों पर जूं तक न रेंगा। एक बदहवास माँ और उसके भूखे बच्चों का स्वागत केवल बंद दरवाज़ों से ही हुआ। इस परिवार की मदद करने के बजाय सब लोग केवल इनका मज़ाक बनाते, भिखारी कहकर बुलाते। लोगों ने उपहास तो उड़ाया ही, तमाम तरह की भद्दी बातें भी कहीं। और तो और, लोगों ने इनपर गुस्सा करना शुरू कर दिया। वे बेमतलब सुमित्रा और उनके बच्चों पर अपना गुस्सा निकलने लगे। कड़वा घूँट पीने और कलेजा पत्थर करने के सिवाय सुमित्रा कुछ और कर भी नहीं सकती थीं।

ईमानदारी और मेहनत से पैसे कमाने वाला एक और परिवार हालातों से हार गया था। हालाँकि उन्होंने कोई ग़लत रास्ता न अपनाकर मदद की गुहार लगायी थी। लेकिन परिणामस्वरुप उन्हें हर तरफ़ से ताने, गालियाँ और अनर्गल बातों का

ही सामना करना पड़ा। सुमित्रा यह समझ नहीं पा रही थी कि लोग उनके साथ ऐसा व्यव्हार क्यों कर रहे हैं।लोग उन्हें ककड़ी-खीरा समझ रहे हैं।सुमित्रा का तो बस यही कहना था कि, गुड़ न दें, तो गुड़ की सी बात तो कहें।

समय निकालकर सुमित्रा और उनके तीन बच्चे जंगल से लकड़ियाँ काटकर लाया करते थे। इन लकड़ियों का इस्तेमाल घर पर और टपरी पर चूल्हा जलाने में होता था। जो लकड़ियाँ बच जाती थीं, उन्हें बेच दिया था। जब दिन ख़राब थे और पैसों की तंगी थी, तब झड़ीराम यादव और सुमित्रा ने आस-पड़ोस में आधी कीमत में लकड़ियाँ बेचनी शुरू कर दी। झड़ीराम और सुमित्रा जब भी लकड़ियाँ बेचने निकलते, तब सवर्ण जाति के कुछ लोगदुर्व्यव्हार भीकरते। घमंड में चूर इन लोगों ने ताने मारे, गालियाँ दीं।कभी-कभी तो परेशान होकर और तंग आकर झड़ीराम और सुमित्रा लोगों के सामने गिड़गिड़ाने लगते। लेकिन न तो किसी ने लकड़ी ख़रीदी, न कोई मदद के लिए आगे आया। हर दिन भीख माँगने और बदले में अपमान और अवमानना मिलने से अब फूलबासन भी त्रस्त आ चुकी थीं। अपने परिवार की स्थिति, हर दिन परिवार में बढ़ती चरम निराशा और लोगों की बदतमीज़ी के प्रति खिन्नता ने फूलबासन को कम उम्र में ही अंदर तक झकझोर दिया। फूलबासन भी इन तमाम परिस्थितियों को देखकर लगातार दुखी रहने लगीं।

जबतक फूलबासन काम में व्यस्त रहतीं, तबतक इन परेशानियों से दूर रहतीं। जैसे ही काम ख़त्म होता, अपने परिवार के लिए वे चिंतित हो उठतीं। एक दिन अपने काम से फ़ुर्सत पाने के बाद फूलबासन बैठे-बैठे सोचने लगीं कि इस दुनिया में हर इंसान के माँ-बाप हो सकते हैं, केवल एक ग़रीब को छोड़ कर। एक ग़रीब अनाथ होता है और उस समय तब अनाथ ही रहता है, जब तक उसे अमीर बनने का कोई रास्ता नहीं मिलता। वे सोचने लगीं कि अगर उनके स्वयं के माता-पिता अपने बच्चों को खाना खिलाने में अक्षम हैं, तो कोई दूसरा तो उन्हें खाना खिला सकता है। क्या अपनों बच्चों को बड़ा करना, बस उनके माँ-बाप की ही ज़िम्मेदारी है? क्या इस समाज की कोई भी ज़िम्मेदारी नहीं बनती?

महात्मा गांधी ने कहा था, "लोगो की ज़रूरतों के लिए इस दुनिया में चीज़े पर्याप्त हैं, लेकिन लालच के लिए नहीं।" गांधीजी की यह बात कड़वा सत्य है। फूलबासन के गाँव और आसपास के गाँवों में सेठ,साहूकारों, रईसों, संपन्न लोगों की कमी नहीं थी। इनके पास किसी भी चीज़ की कोई कमी नहीं थी। लेकिन

केवल एक चीज़ उनमें नहीं थी, दयालुता। झड़ीराम-सुमित्रा और उनके बच्चों की गंभीर हालत को देखकर भी अमीरों ने मुँह फेरना ही मुनासिब समझा।

फूलबासन के माता-पिता को ऐसा लगा कि इस दुनिया में मानवता और नैतिकता की जगह लालच और स्वार्थ ने ले ली है। गाँव में एक भी ऐसा न था, जिसने ग़रीबों की सेवा करने की ज़रूरत समझी, नैतिकता के नाते भूख से तड़पते परिवार को खाना खिलाने की ज़हमत उठायी। मानो किसी के दिल में सहानुभूति जैसी कोई बात बची ही नहीं थी।

कूड़ेदान में फेंकी गयी थी इंसानियत

एक बार बच्चों को ख़ुशी और हैरानी एक साथ मिली। माँ ने पूरे परिवार के लिए खाने का इंतज़ाम किया था। सभी ने साथ-साथ ख़ुशी-ख़ुशी खाना खाया। ऐसा दृश्य एक तरह से अपवाद जैसा ही था। फूलबासन के लिए यह घटना किसी चमत्कार या अनहोनी से कम न थी। इसके बाद भी पूरे परिवार को हर दिन पेटभर खाना नसीब होने लगा था। फूलबासन को लगा मानों सपना सच होने लगा है। अब घर में बच्चे भूखे नहीं सोते थे। फूलबासन को यह समझ नहीं आ रहा था कि अचानक सब कुछ अच्छा कैसे होने लगा। उन्होंने कई बार अपनी माँ से जानना चाहा, लेकिन सुमित्रा ने कभी कोई जवाब न दिया। फूलबासन का संदेह बढ़ता गया। वे तरह-तरह की अटकलें लगातीं। पर अंतत: जब कोई संतुष्टकारी उत्तर नहीं मिला और न ही किसी सही नतीजे पर पहुँचीं, तब हारकर इस मामले पर विचार करना छोड़ दिया और माँ से सवाल करना भी बंद कर दिया।

एक दिन फूलबासन जब बर्तन धोने में व्यस्त थीं, उन्होंने अपनी माँ को पिता के कान में कुछ फुसफुसाते देखा। इसके थोड़ी देर बाद माँ चाय की टपरी से बाहर जाने लगीं। फूलबासन माता-पिता की आपस की बातें सुन नहीं पायीं। लेकिन बर्तन का काम छोड़कर अपनी माँ के पीछे-पीछे जाने लगीं। आगे-आगे सुमित्रा और थोड़ी दूरी बनाकर पीछे-पीछे फूलबासन। माँ ठाकुरों की हवेली की तरफ़ जाने लगीं। फिर भी फूलबासन ने माँ का पीछा करना बंद नहीं किया। हवेली से कुछ दूर पहले माँ एकदम से रुकी। फूलबासन अब भी माँ का पीछा कर रही थीं। लेकिन उन्हें समझ नहीं आया कि आख़िर चल क्या रहा है। उनकी जिज्ञासा और बढ़ गयी। कुछ देर ठहरने के बाद माँ फिर से ठाकुरों की हवेली की तरफ़बढ़ीं।

फूलबासन ने फिर से पीछा किया। थोड़ा आगे जाने के बाद जब फूलबासन की नज़र माँ पर पड़ी, तो मानों उनके पैरों के नीचे से ज़मीन खिसक गयी। वे अवाक रह गयीं। हवेली से कुछ दूर ठाकुरों के खानसामे कुछ ख़राब सब्ज़ियाँ और पका हुआ खाना फेंक रहे थे। सुमित्रा उनसे थोड़ी दूरी बनाकर खड़ी थीं। रसोइये के जाते ही माँ ने जल्दी से फेंका हुआ सारा खाना इकट्ठा किया और अपने घर की ओर निकल पड़ीं। इस दृश्य ने फूलबासन को इस कदर चौंका दिया कि उनकी आँखों में आँसू आ गये। वे सोचने लगीं कि किस कठोर दिल से और कितना टूटने के बाद माँ-बाबा ने ऐसा क़दम उठाया होगा। बच्चों का लालन-पालन और घर चलाना कितना मुश्किल हो चला है, माता-पिता के लिए। माँ को कूड़ेदान में फेंका हुआ खाना इकट्ठा करता देखकर एक बार तो फूलबासन के मन में आया कि उन्हें जाकर रोकें और मना करें। पर कहते हैं कि ग़रीब के पास विकल्प नहीं होते। जो सामने है, वही सच है और उसको स्वीकार करना ही एकमात्र रास्ता है। यही सोचकर फूलबासन चुपचाप सब देखती रहीं। फूलबासन को भी लगा कि आख़िरकार कुछ चीज़ों को परदे में ही रहना चाहिए।

इस घटना के बाद अमीर लोगों के प्रति फूलबासन का ग़ुस्सा बढ़ गया। उन्हें एक-एक कर सब याद आने लगा। फूलबासन को रह-रहकर यह अहसास होने लगा कि किसी ने भी उनके परिवार की मदद नहीं की। किसी भूखे को एक रोटी का टुकड़ा देने की बजाय, ये अमीर लोग बचा हुआ खाना कूड़ेदान में फेंकना ज़्यादा मुनासिब समझते हैं। यह समाज का कटु सत्य है और इन्हीं विचारों की वजह से फूलबासन के सामने समाज का असली चेहरा उजागर हो पाया।

घंटी बज रही है, स्कूल बुला रहा है

ग़रीबी से नहीं लड़ा गया, तो भुखमरी का शिकार होना तय है।ग़रीबी में छोटी-छोटी चीज़ के लिए तरसना पड़ता है।अभावों से भरा जीवन ही ग़रीबी है। ग़रीबी अभाव है, खीज, घुटन और विवशता है।

झड़ीराम के परिवारवालों की ग़रीबी से लड़ाई लगातार जारी थी। ग़रीबी से बाहर निकलने की कोशिशें जारी थीं। माँ का कूड़े से खाना उठाना और बच्चों को वही खाना खिलाने से लेकर अमीरों की अन्न की बर्बादी। सबकुछ फूलबासन के लिए मानों ज़िंदगी की एक सीख की तरह थी। हर ऐसी छोड़ी-बड़ी घटना से अनजाने में ही फूलबासन आगे की ज़िंदगी की नयी कहानी लिखने की तैयारी कर रही थीं। इन तमाम स्थितियों के साथ-साथ यह तो सच ही था कि फूलबासन अपने परिवार की स्थिति हर हाल में सुधारना चाहती थीं। असल में ग़रीबी क्या होती है, फूलबासन को कभी उनके माता-पिता ने बताया नहीं था। लेकिन अब फूलबासन अपनी आँखों से ग़रीबी देख भी रही थीं और झेल भी रही थीं। अब उन्हें समझ आने लगा था की खाना माँगने पर क्यों उनके माँ-बाबा की आँखों में आँसू आ जाते थे। अब उन्हें माँ-बाबा के चेहरे पर बस ख़ुशी देखनी थी। वे किसी तरह अपने परिवार को भर पेट खाना खिलाना चाहती थीं। अब फूलबासन के जीवन का एक ही लक्ष्य था -परिवार के एक भी सदस्य को भूखे पेट न सोने देना। लेकिन बस दिक़्क़त एक चीज़ की थी - फूलबासन को पता नहीं था, यह मुकाम हासिल कैसे करना है।

उम्र छोटी थी, लेकिन एक बड़ा सपना संजोये थीं फूलबासन। सपना था, अपने माता-पिता और भाई-बहनों की ज़िंदगी में ख़ुशियाँ लाना। परिवार के लिए

आसानी से दो जून भोजन का इंतज़ाम करना, सिर पर छत, स्वास्थ्य और अपने भाईयों और बहनों के लिए शिक्षा के बारे में सोचना, उनकी बुनियादी ज़रूरतें पूरी करना। फूलबासन के सपने बेहद ज़मीनी और वास्तविक थे। वे अपने परिवार के लिए ऐशोआराम की चीज़ें हासिल नहीं करना चाह रही थीं। अपने जीवन में उन्हें कोई भी शान-ओ-शौकत की आकांक्षा नहीं थी। उन्हें तो बस मौलिक ज़रूरतों की पूर्ति करनी थी।

फूलबासन के मन में चिंताएँ और शंकाएँ भरी हुई थीं। उनके सामने सबसे बड़ा सवाल यही था कि परिवार की ग़रीबी कैसे मिटे? इसी सवाल का जवाब जानने को फूलबासन बेचैन हुई जा रही थीं।

समय ओर हालात बहुत कुछ सिखा देते हैं।मुश्किल वक़्त बताकर नहीं आता और कब जाएगा यह भी नहीं बताता। लेकिन इतना तय है कि मुश्किल वक़्तऔर मुश्किल हालात इंसान को बहुत कुछ सिखाते हैं।

फूलबासन भी कठिनाइयों से भरे दिनों में सीख रही थीं, बहुत बातें समझ रही थीं। उम्र छह साल भी नहीं हुई थी कि फूलबासन का सामना ग़रीबी की वजह से होने वाले कई सारी तकलीफ़ों से हो गया था।

दिन गुज़र रहे थे। फूलबासन दिन में बकरी चराने जातीं और शाम को टपरी पर लौटकर गिलास और दूसरे बर्तन साफ़ करतीं।

जब कभी टपरी पर या कहीं और फूलबासन को अख़बार का कोई टुकड़ा या किसी किताब का कोई पन्ना मिल जाता, तो वे उसे कई घंटों तक निहारतीं। अनपढ़ के लिए तो काला अक्षर भैंस बराबर होता है। फूलबासन भी नहीं समझ पाती कि इन पन्नों पर क्या लिखा है? इन काली लकीरों का क्या मतलब है? नन्ही बच्ची यह समझने की कोशिश करतीं कि आख़िर क्या है इन पन्नों में, जो इंसान को ख़ुशी देता है। आख़िर बच्चे कैसे पढ़ते हैं, क्या पढ़ते हैं, क्यों पढ़ते हैं? पढ़ने-लिखने से क्या फ़ायदा है? इस तरह के कई सवाल थे। इन सवालों के जवाब ढूँढने की कोशिश जारी थी।

पिता की टपरी पर स्कूल के कुछ मास्टर भी चाय पीने आते थे। जब भी कोई मास्टर चाय पीने आता, टपरी पर मौजूद सभी लोग उनका बहुत आदर-सत्कार करते। उनके आते ही कई लोग खड़े हो जाते। कुछ तो ऐसे भी थे, जो मास्टर के सामने बैठने को ग़लत बात समझते थे। पिता भी मास्टर साहब के लिए ताज़ा

चाय बनाते थे। चाय पीने के बाद मास्टर साहब बटुए से रुपये निकाल कर देते थे। फूलबासन ने हमेशा ग़ौर किया था कि मास्टर साहब के बटुए में बहुत सारे नोट होते हैं। फूलबासन को लगता कि अगर इतने सारे नोट उनके बाबा के पास आ जाएँ, तो घर-परिवार की सारी समस्याएँ दूर हो जाएँ।

फूलबासन स्कूल के मास्टरों को देखकर ख़ुश हो जातीं। मन ही मन ख़ुद से ही बातें करतीं और कहतीं कि मास्टर की ज़िंदगी कितनी अच्छी होती है। मास्टर को देखकर उन्हें लगता कि काश! वे भी उनके जैसी बन जाएँ। फूलबासन को लगता कि मास्टर पढ़े-लिखे होते हैं, इसलिए वे बाक़ियों से अलग दिखते हैं। शिक्षा उन्हें बाक़ियोंसे अलग कर देती है। बच्चों को पढ़ाने वाले लोगों का रहन-सहन, बात करने का तौर-तरीक़ा, सबकुछ फूलबासन को ख़ूब भाता।

अब फूलबासन के मन में एक नया सवाल था। मास्टर साहब को इतने नोट कहाँ से मिलते हैं? इसी सवाल का जवाब जानने के लिए फूलबासन ने पिता का सहारा लिया। झड़ीराम मास्टर साहब से बहुत बातें करते थे। फूलबासन को लगा कि उनके पिता नोटों की असलीयत जानते होंगे। पिता ने बताया कि मास्टर साहब स्कूल में बच्चों को पढ़ाते हैं और सरकार उन्हें हर महीने तनख़्वाह देती है। मास्टर साहब ने ख़ूब पढ़ाई-लिखाई की और इसी वजह से उन्हें स्कूल में बच्चों को पढ़ाने की नौकरी मिली।

पिता की बातें सुनकर फूलबासन इस नतीजे पर पहुँचीं कि पढ़ने-लिखने से ग़रीबी दूर होती है। जो स्कूल जाकर पढ़ाई-लिखाई नहीं करते, उन्हें बहुत तकलीफ़ों का सामना करना पड़ता है।

फूलबासन को 'शिक्षा' की कीमत समझ आने लगी। वे जान गयी थीं कि पढाई-लिखाई ही है, जिसकी बदौलत वे अपने सपने पूरे कर सकती हैं।

दिक़्क़त यह थी कि स्कूल घर से बहुत क़रीब होते हुए भी फूलबासन की पहुँच से बहुत दूर था। फूलबासन और स्कूल के बीच थी ग़रीबी, लाचारी, मजबूरी।शिक्षा उनकी पहुँच से कोसों दूर थी। फिलहाल तो उन्हें अपनी मंज़िल धुंधली नज़र नहीं आ रही थी, लेकिन सपने ज़िंदा थे, कल्पना की उड़ान क़ायम थी।

आज शिक्षा हमारे बुनियादी अधिकार में शामिल है। सरकार शिक्षा के महत्व को जानती है। इसलिए देश के हर नागरिक के लिए 'शिक्षा का अधिकार' मुहैया कराती है। सरकार ने हर बच्चे को अच्छी शिक्षा का अधिकार दिया। लेकिन

अफ़सोस यह है कि अब भी बहुत सारे माता-पिता और बच्चे, शिक्षा की उस ख़ास अहमियत को सही तरीक़े से नहीं समझ पा रहे हैं।

फूलबासन को छोटी उम्र में ही शिक्षा का महत्व समझ आ गया था।लेकिन दिक़्क़त यह थी कि उस वक़्त शिक्षा आसानी से नहीं नसीब हो पाती थी। फूलबासन के माता-पिता स्कूल के लिए मामूली रक़म भरने में भी नाकाम थे। ऊपर से किताब और यूनिफार्म के ख़र्च अलग। फूलबासन और शिक्षा पाने की चाहत के बीच आर्थिक तंगी खड़ी थी और यही फूलबासन के सपनों पर लगाम लगाये खड़ी थी।

फूलबासन जान चुकी थीं कि उनके बाबा अभी इतने रुपये नहीं जुटा पाये हैं कि उन्हें स्कूल भेज सकें। लेकिन फूलबासन इतना ज़रूर जान गयी थीं कि उन्हें स्कूल की तरफ़ जाने से कोई रोक नहीं सकता। जब भी मौक़ा मिलता, फूलबासन दौड़ी-दौड़ी स्कूल चली जातीं। फूलबासन देखा करतीं कि ज़्यादातर बच्चों के कंधे पर बैग लटका रहता है। सारे बच्चे एक जैसे कपड़ो में रहते थे और हर रोज़ वही कपड़े पहन कर आते हैं। बाद में फूलबासन को पता चला इस एक ही तरह के कपड़े को स्कूलड्रेस कहते हैं और बच्चों के कंधे पर लटके बैग में किताब-कॉपी होती है।

स्कूल में बच्चों का शोर-शराबा फूलबासन को अपनी तरफ़ लगातार खींचे ले जा रहा था। बच्चों की आवाज़ों ने उनके अंदर कई तरह के कौतूहल पैदा किये। फूलबासन की जिज्ञासा लगातार बढ़ने लगी। वे स्कूल की अलग-अलग गतिविधियों पर ध्यान देने लगीं।

फूलबासन को जब समझ आया कि स्कूल में आने-जाने से कोई रोकता नहीं है, तब उनका साहस और बढ़ा। अब वे खिड़कियों के अंदर झाँकने की कोशिश करने लगीं। धीरे-धीरे उन्हें समझ में आने लगी पढ़ाई-लिखाई की पूरी प्रक्रिया है। अगले कुछ दिनों तक फूलबासन ऐसे ही दूर से कक्षा का हिस्सा बनी रहीं। खिड़की से झाँक-झाँककर फूलबासन कुछ न कुछ सीखने की कोशिश करती रहीं। हालाँकि उनके लिए इतनी दूर बाहर बैठकर पढाई करना संभव नहीं था, लेकिन फिर भी वे डटी रहीं और क्लास में मास्टर जो भी बोलते उसे सुनने की कोशिश करतीं।हर गुज़रते दिन के साथ पढ़ाई को लेकर फूलबासन की उत्सुकता भी बढ़ने लगी। हसरत-भरी निगाहों से वे बच्चों को स्कूल आते-जाते, पढ़ाई-लिखाई करते, खेलते-कूदते, मौज-मस्ती करते देखतीं। स्कूल में बजने वाली हर घंटी उन्हें उत्साहित कर

जाती। वे सोचतीं कि अब से पहले क्या हो रहा था और अब क्या होगा क्लास में। स्कूल में हाफ टाइम, स्कूल की आख़िरी घंटी और बच्चों के चेहरे पर हँसी-ख़ुशी, सबकुछ उन्हें अपनी तरफ़ खींचने लगे। यह सब देखकर फूलबासन के चेहरे पर भी ख़ुशी की एक लकीर खींच जाती। वे भी उत्साह से भर जातीं। फूलबासन अपनी उम्र के बच्चों के साथ समय बिताना चाहती थीं। दोस्त बनाकर उनके साथ खेलना चाहती थीं। स्कूलड्रेस पहनकर, कंधे पर स्कूलबैगटांगकर उछलते-कूदते स्कूल जाना चाहती थीं। लेकिन फूलबासन की हिम्मत न हुई कि वे अपने माँ-बाबा के सामने अपनी इन इच्छाओं को रखे। वे अच्छी तरह से समझ चुकी थीं कि उनके बाबा रुपये जुटा रहे हैं और जैसी ही रुपयों का इंतज़ाम होगा वे उसे स्कूल में भर्ती करवा देंगे।

ड्राइवरों और कंडक्टरों ने पहुँचाया स्कूल

एक दिन फूलबासन स्कूल में इधर-उधर घूम रही थीं। मास्टर ने उन्हें देख लिया। फूलबासन को लगा कि शायद मास्टर साहब उन्हें डाँट देंगे। लेकिन मास्टर ने ऐसा कुछ नहीं किया, बल्कि पूछा, "पढ़ना चाहती हो, स्कूल में भर्ती होना चाहती हो?" फूलबासन की ख़ुशी का कोई ठिकाना नहीं रहा। ख़ुशी में ज़ोर-ज़ोर से सर हिलाते हुए उन्होंने कहा, "हाँ, हाँ।" इस पर मास्टर ने कहा, "जाओ, अपने बाबा को बुला लाओ, वे कहेंगे तो तुम्हें हम ले लेंगे।"

इतना सुनने के बाद फूलबासन स्कूल से लौट आयीं। लेकिन मन उनका नहीं मान रहा था कि बाबा से स्कूल की बात करें। उन्हें लगा कि बाबा रुपये का इंतज़ाम होते ही उन्हें बता देंगे।

इस घटना के बाद फूलबासन पर पढ़ाई-लिखाई की धुन सवार हो गयी। वे टपरी पर ही अपने पिता से अंक सीखने लगीं। जब अंकों की जानकारी हो गयी, तब पहाड़े याद करने लगीं।

ग़रीबी ने फूलबासन को स्कूल जाने से रोका था, पढ़ने-लिखने से नहीं।फूलबासन को जब भी कोई पेंसिल का टुकड़ा मिलता, वे उसे सहेजकर रख लेतीं। वे जानती थींकि घरवाले उनके लिए एक पेंसिल भी नहीं ख़रीद सकते हैं। इसी वजह से काग़ज़ के फटेटुकड़ों को भी वे संभालकर रखने लगीं और खाली समय में काग़ज़ के टुकड़ों पर पेंसिल से लिखने की कोशिश करने लगीं। हालाँकि उन्हें ज़्यादा पढ़ना-लिखना नहीं आता था, लेकिन फिर भी उन्होंने कुछ अक्षर ज्ञान प्राप्त कर लिया और इन्हीं फटे पन्नों पर उन्हें लिखा करतीं। वे इन सारे पन्नों को

इकट्ठाकर, इनको सुई-धागे से सिलकर नोटबुक बनाने लगीं। उन्हें मालूम था कि असली वाला नोटबुक महँगा आता है और उनके बाबा ख़रीदकर शायद ही दिला पाएँ।

टपरी पर जितने भी लोग आते थे, सभी फूलबासन से प्रभावित हुए बिना नहीं रहते थे। जिस लगन से वे काम करती थीं और जो मिठास उनकी बोली में थी, वह सभी का दिल जीत लेती थी। क्या स्कूल के मास्टर, क्या ड्राइवर-कंडक्टर, सभी फूलबासन को बहुत चाहते थे।

जब इन लोगों ने देखा कि फूलबासन पेंसिल का टुकड़ा लेकर पन्ने पर कुछ-कुछ लिखने की कोशिश कर रही हैं, तब इन्हें बहुत अच्छा लगा। जब फूलबासन दो का पहाड़ा बोलने की कोशिश करतीं, तब तो लोग और भी ख़ुश होते। सभी ने नन्ही फूलबासन को झूठे बर्तन साफ़ करते हुए देखा था। जब इन्हीं लोगों ने फूलबासन के हाथ में पेंसिल का टुकड़ा देखा, तो इनका मन बाग़-बाग़ हो गया। एक ड्राइवर ने तो झड़ीराम से कह दिया कि बिटिया को टपरी पर मत रखा करो, उसे स्कूल भिजवाओ, यह पढ़-लिखकर आगे बढ़ेगी। पिता को इस तरह की बातें अच्छी तो लगतीं, पर वे लाचार थे। वे अपनी मजबूरी दूसरों को नहीं बताना चाहते थे। पढ़ाई-लिखाई के प्रति फूलबासन की लगन को देखकर दूसरे ड्राइवर भी झड़ीराम को अपनी बिटिया को स्कूल भिजवाने का सुझाव देने लगे।

कुछ दिनों बाद इन ड्राइवरों को झड़ीराम की लाचारी समझ में आ गयी। कुछ ड्राइवरों ने मिलकर फ़ैसला लिया कि वे फूलबासन की पढ़ाई-लिखाई का ख़र्च उठाएँगे। फिर क्या था, किसी ने पाँच रुपये दिये, किसी ने दस। कुछ लोगों ने दो-दो रुपयों का योग दिया।

फूलबासन का सपना सच हो गया। ड्राइवरों और कुछ कंडक्टरों की वजह से उनके पास अब किताबें थीं, पेन-पेंसिल थे और स्कूलड्रेस भी।

झड़ीराम अपनी बिटिया को लेकर स्कूल पहुँचे। स्कूल के मास्टर फूलबासन को देखकर बहुत ख़ुश हुए। जो लड़की उनके चाय की गिलास साफ़ करती थी, वही लड़की आज उनकी शिष्या बनने स्कूल आयी थी।

फूलबासन का पहली कक्षा में दाखिला हो गया। पाँच साल की लड़की की ख़ुशियाँ परवान चढ़ गयीं। पहली बार स्कूल की कक्षा में बैठीं फूलबासन के मन से ड्राइवरों और कंडक्टरों के लिए दुआएँ निकल रही थीं।

एक और बड़ी घटना हुई। झड़ीराम ने फूलबासन की बड़ी बहन क्रांति को भी स्कूल भेजना शुरू किया।

आयी नयी बहार, खिलने लगे फूल

फूलबासन अब ऐसे ड्राइवरों और कंडक्टरों की वजह से स्कूल जा पा रही थीं, जो ख़ुद ज़्यादा पढ़ लिख नहीं पाये थे। लेकिन आज वे एक ऐसी बच्ची की मदद कर रहे थे,जो उनकी अपनी नहीं थी। न ख़ून का रिश्ता, न दूर का कोई रिश्ता। नेकदिल राहगीरों की राह में फूल जैसी प्यारी बच्ची से मुलाक़ात हो गयी थी। एक मासूम बच्ची की मेहनत देखकर, पढ़ने-लिखने की उसी कोशिश देखकर कुछ राहगीरों का मन प्यार और दया से भर गया।

अब फूलबासन हर दिन स्कूल जाने लगीं। स्कूल में पढ़ाई-लिखाई तो होती ही, ख़ूब खेलना-कूदना भी होता। फूलबासन को बचपन मिल गया था। जीवन में ख़ुशियाँ आयी थीं। नये सपने संजोये जाने लगे थे।

फूलबासन ने पढ़ाई-लिखाई को बहुत गंभीरता से लिया। कभी कोई ढ़िलाई नहीं बरती। मास्टरों की हर बात मानी।

झड़ीराम और सुमित्रा अपने लाड़ली को पढ़ता-लिखता देखकर फूले न समाते थे। फूलबासन मेहनती थीं। स्कूल से आते ही वे काम में अपने माता-पिता की मदद करती थीं। झूठे गिलास और बर्तन मांजने का काम जारी रहा।एक तरफ़ पढ़ाई-लिखाई और दूसरी तरफ़ काम, दोनों को काफ़ी अच्छे से संभाल लिया था फूसबासन ने।

फूलबासन की दिनचर्या काफ़ी व्यस्त हो गयी थी।फूलबासन सुबह स्कूल जाने से पहलेचाय की टपरी लगाने में मदद करतीं, फिर स्कूल भागतीं। स्कूल से लौटते ही टपरी पर काम में लग जातीं। शाम को जब घर लौटतीं, तब अंग-अंग ढीला होता। कुछ देर आराम करने के बाद किताब खोलकर पढ़ने बैठ जातीं।

एक रात झड़ीराम की आँखें खुलीं, तो उन्हें एक कोने में जलती हुई रोशनी दिखी। झड़ीराम डर गये। घबराकर उन्होंने अपनी पत्नी को उठाया और दोनों हिम्मत कर उस कोने की ओर बढ़े। वहाँ जाकर देखा, तो उनका मन प्रफुल्लित हो उठा। फूलबासन कंदील की रोशनी में पढाई कर रही थीं। पूछने पर बिटिया ने बताया कि सुबह से काम में उलझे रहने की वजह से वे अपना 'होमवर्क' पूरा नहीं कर पायी थीं, इसलिए अभी कर रही हैं।

झड़ीराम और सुमित्रा ने 'होमवर्क' शब्द पहली बार सुना था। 'होमवर्क' क्या होता है, उन्हें मालूम नहीं था। दोनों कभी स्कूल गये नहीं थे। घर पर माता-पिता ने उन्हें कुछ-कुछ सिखाया था। अंकों का ज्ञान था। जोड़-घटाव, गुणा-भाग आता था, इसी की बदौलत ज़िंदगी चलती थी।लेकिन दोनों को ज़िंदगी भी अजीब जान पड़ती थी। ज़िंदगी में ख़ुशी के पल बहुत कम थे। ज़िंदगी में पीड़ा थी, दुःख था। ग्लानी थी, अपमान था। दिन-रात की मेहनत थी, फिर भी दो जून की रोटी को तरसना पड़ता था, यानी शोषण था।नाइंसाफ़ी थी। त्योहार आते थे, चले जाते थे। जीवन में त्योहार के कोई मायने नहीं थे। जिस दिन भूख मिट जाए, उसी दिन दशहरा है और जिस दिन जिन घर में चूल्हा जल जाए, उसी दिन दिवाली। फटे-पुराने कपड़ों में सिमटी थी ज़िंदगी। धूल-मिट्टी सिर्फ़ झोपड़ी और टपरी में ही नहीं जमा थी, धूल-मिट्टी ने सपनों को भी दबा दिया था। अगर ज़िंदगी में कुछ ज़्यादा था, तो वह था अभाव। मूलभूत ज़रूरतों का अभाव, अच्छी चीज़ों का अभाव। एक ग़रीब की ज़िंदगी जैसी होती है, ठीक वैसी ही थी झड़ीराम और सुमित्रा की ज़िंदगी।

ऐसी ज़िंदगी में फूलबासन की मेहनत और पढ़ाई-लिखाई में लगन से सुकून की ख़ुशबू आने लगी थी।

फूलबासन की कड़ी मेहनत रंग लायी और वे अच्छे नंबरों से पास हुईं। सभी अध्यापक उनकी काफ़ी तारीफ़करते हुए नहीं थकते थे।लेकिन फूलबासन की बड़ी बहन ज़्यादा समय तक स्कूल में नहीं पढ़ पायीं। पढ़ाई-लिखाई में कांता का मन नहीं लगा। दूसरी तक पढ़ने के बाद कांता ने स्कूल जाना बंद कर दिया, लेकिन फूलबासन की स्कूली शिक्षा जारी रही।

भक्ति-गीतों में मिला मन का सुख

कुछ लोगों की उदारता और कृपा से, दया और प्रेम से, फूलबासन स्कूल तो जाने लगी थीं, लेकिन उनके स्कूल जाने पर भी घर-परिवार की हालत जस की तस रही। ग़रीबी जाने से रही। जीवन अभावों से भरा रहा। फूलबासन के हाथों में पेंसिल और किताबें तो थीं, लेकिन खाने के लिए न पर्याप्त भोजन मिलता था और न ही पहनने के लिए अच्छे कपड़े होते।

फूलबासन अब ग़रीबी-अमीरी में, ग़रीब-अमीर में, अंतर को अच्छी तरह से समझने लगी थीं।उठते-बैठते, सोते-जागते उनके मन में यही ख़याल आते कि आख़िर ग़रीबी से कब छुटकारा मिलेगा।

बढ़ती उम्र के साथ फूलबासन को इस बात का भी अहसास हुआ कि समाज में अमीरी-ग़रीबी के नाम पर ही नहीं, जात-पात के नाम पर भी भेदभाव होता है। समाज में लोगों के बीच कई विषमताएँ हैं और इन्हीं सब को देखकर फूलबासन दरअसल एकदम उद्विग्न हो गयीं। वे अपने परिवार की और ख़ुद की स्थिति सोचकर परेशान और बेचैन हो उठतीं। अब उन्हें घर मानों काटने को दौड़ता। अपना घर अब उन्हें अच्छा नहीं लगता था। बेचैनी की हालत में उन्हें कहीं शांति नहीं मिलती।इतनी कम उम्र में इतना सच जानने के बाद फूलबासन को बस शांति चाहिए थी।

मन बेचैन था। मन में अजीब-सा डर था। बुरी चिंताएँ मन को सताने लगी थीं।ऐसे समय फूलबासन को कुछ बातें याद आयीं। फूलबासन ने अलग-अलग संदर्भों में लोगों को भगवान के बारे में कहते सुना था। किसी ने कहा था कि जिसका कोई सहारा नहीं होता, उसका भगवान सहारा होते हैं। कोई कहता था

कि माता सबका बेड़ा पार लगाती हैं। एक व्यक्ति से फूलबासन ने सुना था कि शिवजी बहुत भोले हैं और अगर सच्चे मन से उनसे माँगा गया, तो वे हर इच्छा पूरी करते हैं। किसी ने कहा था कि व्रत रखने से दुःख दूर होते हैं। फूलबासन ने देखा था कि लोग मंदिर जाते हैं और वहाँ पूजा करते हैं, भजन-कीर्तन करते हैं। उन्होंने यह भी सुना था कि मंदिर जाने से मन को शांति मिलती है। मंदिर वाली बात याद आते ही फूलबासन के क़दम अनायास ही मंदिर की ओर बढ़ने लगे।

शांति की तलाश में फूलबासन मंदिर जा पहुँचीं। भगवान की शरण में फूलबासन ने परेशानी और तनाव की सारी बेड़ियाँ तोड़ दीं। अचानक फूलबासन को शांति मिलने लगी। अब वे खाली समय में मंदिर जाने लगीं और यह सिलसिला चल पड़ा। फूलबासन माँ दुर्गा की शरण में आ गयीं।उन्हें देवी का शक्तिशाली रूप बहुत भाने लगा। माँ देवी की शरण में आकर उनके अंदर हिम्मत आने लगी। मन की बेचैनी दूर होने लगी। बुरे सपने बंद हो गये।

नवरात्रि के दौरान फूलबासन ने मंदिर में माँ दुर्गा के नौ अवतारों की कहानियाँ सुनीं। उन्हें मंदिर में कई पौराणिक कथाएँ और भक्तिपूर्ण प्रेरक-प्रसंगभी सुनने को मिले। वैसे तो मंदिर में फूलबासन ने कई देवी-देवताओं की पौराणिक कहानियाँ सुनीं, लेकिन उन्हें माँ दुर्गा के 'शक्ति रूप'ने सबसे ज़्यादा प्रभावित किया। उन्हें यह सुनकर बहुत हैरानी और ख़ुशी होती कि कैसे एक महिला ने कई सारे राक्षसों और बुरे लोगों का सर्वनाश किया था। देवी माँ की कहानी सुनने के बाद उन्हें महसूस होने लगा कि मानों उनकी अपनी चिंताएँ कम हो रही हैं।

इन्हीं दिनों एक बात और बड़ी बात हुई।वे एक भजन-मंडली में शामिल हो गयीं। मंडली की सारी लड़कियाँ मंदिर में बैठकर भजन गातीं और भक्ति में लीन रहतीं।सानिध्य सुख भी मिला और साथियों का संस्कार भीफूलबासन को प्राप्त हुआ। फूलबासन ने कम समय में बहुत सारे भजन सीख लिये। दरअसल अनजाने में ही फूलबासन की यह दिनचर्या, उनकी ज़िंदगी में नये रास्ते खोल रही थी। उन्हें अलग-अलग लोगों से मिलने-जुलने का मौक़ा मिलने लगा। धीरे-धीरे फूलबासन ने अपना एक समूह बना लिया, जो मंदिर में एक-साथ बैठते और अपनी परेशानियाँ एक-दूसरे से साझा करते। मंदिर ने उन्हें मन की शांति के साथ-साथ अपने जीवन को सुधारने का अवसर भी दिया। मुश्किल पलों में फूलबासन मंदिर जाकर प्रार्थना करतीं और माता रानी के चरणों में शांति पाती।

भजन-मंडली का हिस्सा बनकर फूलबासन ने माता-रानी के भजन गाना सीख लिया था, साथ ही वे रामचरित मानस की चौपाइयाँ और दोहे भी याद करने लगीं।

फूलबासन का जीवन इसी तरह आगे बढ़ने लगा। ग़रीबी क़रीबी बनी रही लेकिन दस साल की बाली उम्र में ही कठोर से कठोर परिस्थितियों से लड़ने का साहस आ गया।

सुबह उठना, टपरी तैयार करने में पिता की मदद करना, स्कूल जाना, पढ़ाई-लिखाई कर घर लौटना, फिर टपरी जाकर वहाँ बर्तन साफ़ करना और सब काम पूरे करने के बाद मंदिर जाना। यही दिनचर्या हो गयी थी। मंदिर जाने का एक और बड़ा फ़ायदा था। मंदिर में मिलने वाले प्रसाद से काफ़ी हद तक भूख मिट जाती थी। त्योहारों पर लगने वाले लंगर का तो पूरा परिवार लाभ उठाता था।

बालविवाह की कुप्रथा की बलि चढ़ी मासूम

अभी ब्याहने की क्या जल्दी, थोड़ा लिख-पढ़ जाने दो।
प्रेम और ममता की मूरति, पूरी तो गढ़ जाने दो।।

अभी खेलने के दिन इसके,
हुआ न बचपन पूरा है।
कच्ची कली अभी बगिया की,
यौवन अभी अधूरा है।।
अभी बृद्धि की ओर बेल है, थोड़ी-सी बढ़ जाने दो।
अभी ब्याहने की क्या जल्दी, थोड़ा लिख-पढ़ जाने दो।।

जीवन बगिया में तितली का,
सैर-सपट्टा होने दो।
कच्ची गागरिया के तन को,
कुछ तो पक्का होने दो।।
अभी-अभी तो हुआ सबेरा, धूप तनिक चढ़ जाने दो।
अभी ब्याहने की क्या जल्दी, थोड़ा लिख-पढ़ जाने दो।।

करके पीले हाथ उऋण हैं,

समझो यह नादानी है।

तुमने लिख दी एक कली की,

फिर से दुःखद कहानी है।।

चन्द्रकला की छटा धरा पर, थोड़ी-सी इठलाने दो।

अभी ब्याहने की क्या जल्दी, थोड़ा लिख-पढ़ जाने दो।।

तनिक भूल से जीवन भर तक,

दिल का दर्द बहा करता।

अगर न सुदृढ़ नींव होइ तो

सुन्दर महल ढहा करता।।

चिड़िया के सँग-सँग बच्चों को, थोड़ा-सा उड़ जाने दो।

अभी ब्याहने की क्या जल्दी, थोड़ा लिख-पढ़ जाने दो।।

हिंदी कवि और उत्तरप्रदेश के मूल निवासी संतोष कुमार सिंह की यह कविता बाल-विवाह की कुप्रथा का शिकार होने वाली मासूम बाकिलाओं की पीड़ा की अभिव्यक्ति है।

बालविवाह भारतीय समाज पर लगा एक कलंक है। सालों पुरानी इस कुप्रथा का सीधा संबंधग़रीबी और अज्ञानता से है। बड़े-बड़े विद्वानों और धार्मिक गुरुओं ने बताया है कि किसी भी धार्मिक पुस्तक या ग्रंथ में बाल विवाह का विवरण नहीं है और न ही बाल विवाह उस युग, ज़माने में कभी हुआ था। राम ने सीता से, द्रौपदी ने पांडवों से व्यस्क होने के बाद विवाह किया था। धार्मिक ग्रंथों में बाल विवाह का कोई ज़िक्र न मिलने के बावजूद लोगों ने इसको एक रिवाज़ बना लिया। इस कुप्रथा को जारी रखना एक तरह से मुनासिब समझा। माँ-बाप सामाजिक संघर्ष से बचने के लिए अपने बेटे-बेटियों को उनके बचपन में ही विवाह कर देते थे। लोगों में बाल विवाह को लेकर एक अजीब-सा भ्रम यह बना रहा कि बिना शादी के समाज पूरा नहीं होता, यानी जितनी जल्दी शादी होगी, घर-परिवार और

समाज उतना ही जल्दी पूर्ण माना जाएगा। वहीं कुछ माँ-बाप के लिए उनकी बेटी का विवाह उनकी सबसे बड़ी ज़िम्मेदारी होती है और इसलिए वे इस ज़िम्मेदारी से जल्द से जल्द मुक्त होना चाहते हैं। ऐसी ही 'तथाकथित' सामाजिक ज़रूरतों ने कुप्रथाओं को जन्म दिया।

जैसे-जैसे बाल विवाह की प्रथा आगे बढ़ती गयी, इसकी बुराइयाँ भी सामने आने लगीं। बच्चों को न शादी के बारे में कुछ पता होता, न सहमति के बारे में। शादी के बाद जैसे-जैसे ये बच्चे बड़े होते जाते, इनका किसी और के प्रति भी झुकाव होता जाता। जिस वजह से बचपन में की हुई शादी टूट जाया करती थी। वहीं दूसरी ओर, कई माँ-बाप अपनी छोटी बच्ची का विवाह उससे उम्र में बहुत बड़े पुरुष से कर देते थे, जिस वजह से लड़कियाँ बेहद कम उम्र में विधवा हो जाया करतीं या सती हो जातीं।

धीरे-धीरे लोगों के अंदर इन बुराइयों को लेकर समझ बढ़ी और उन्होंने बाल विवाह के ख़िलाफ़ आवाज़ उठायी। ब्रिटिश सरकार ने इसके ख़िलाफ़ कड़े क़ानून लागू किये।आज़ादी के बाद बाल विवाह पर रोक लगा दी गयी। इतिहास की किताबें बताती हैं कि बाल विवाह पर रोक संबंधी कानून सबसे पहले अंग्रेज़ों के ज़माने में बना था। साल 1929 में अंग्रेज़ी हुकूमत ने बाल विवाह को रोकने के लिए एक अधिनियम पारित किया। आज़ादी के बाद भारतीय सरकार ने साल 1949, 1978 और 2006 में बाल विवाह विरोधी कानून में संशोधन किये गये। यह सुनिश्चित करने की कोशिश की गयी कि बाल विवाह न हो और यदि हो तो बाल विवाह कराने/करवाने वाले लोगों के ख़िलाफ़ कार्यवाही की जाए।भारत सरकार ने शादी के लिए लड़की की उम्र 18 और लड़के की उम्र 21 अनिवार्य कर दी। इस उम्र से पहले विवाह करना ग़ैर-क़ानूनी करार दिया गया। लेकिन फिर भी कुछ जगहों पर आज भी कार्य मजबूरी की दुहाई देकर किया जा रहा है।

बाल विवाह से जुड़े कई सवाल हैं।क्या बच्चे शादी जैसे बंधन और अनुष्ठान को समझ पाते हैं? शादी के सही मायने को समझ पाते हैं? शादी के साथ जुड़ी ज़िम्मेदारियों को समझ पाते हैं? शायद नहीं। बाल विवाह का सीधा मतलब है, फूल जैसे बचपन का रौंदा जाना।

इस बात में दो राय नहीं कि ढेर सारी समस्याओं और बाधाओं के बावजूद विवाह हर इंसान की ज़िंदगी की महत्वपूर्ण घटना होती है। कइयों के लिए विवाह

एक भव्य प्रसंग होता है। सिर्फ़ दो लोग एक रिश्ते में नहीं बँधते हैं, बल्कि दो परिवारों को एक रिश्ता आपस में जोड़ देता है। लेकिन क्या एक दस साल का बच्चा इसकी अहमियत समझ पाता है? ये सच है कि पहले छोटे बच्चे अपने गुड्डे-गुड़ियों की शादी करते थे, उनकी शादी के सपने देखते थे। लेकिन बेचारी फूलबासन ने तो कभी ये सब खेल भी नहीं खेला था।

झड़ीराम और सुमित्रा को बेटियों की शादी करनी थी। बेटियों की सुरक्षा की ज़िम्मेदारी उनके लिए भारी बोझ जान पड़ रही थी। ग़रीब दंपति यह मान रहे थे कि जितनी जल्दी बेटियों की शादी हो जाए, उतना अच्छा। बेटियाँ ससुराल चली जाएँगी, तो उनकी सुरक्षा की ज़िम्मेदारी ससुरालवालों की होगी। ग़रीब लोगों के लिए अपनी बेटियों को गंदी सोच वाले लोगों की निगाहों से बचाये रखना भी बड़ी चुनौती होती है। माता-पिता के मन में जो चल रहा था, उससे फूलबासन अनजान थीं।

एक दिन फूलबासन अपनी दिनचर्या में व्यस्त थीं। सुबह टपरी पर अपना काम निपटाने के बाद वे स्कूल गयीं। स्कूल से लौटने के बाद जब वे पशुओं को चारा देने के लिए ज़मींदार के घर के लिए निकलीं, तभी माँ ने पीछे से आवाज़ देकर रोक लिया। फूल को देरी हो रही थी, लेकिन वे समझ गयीं कुछ बेहद ज़रूरी काम होगा, वरना उनकी माँ कभी नहीं रोकतीं। फूलबासन भागती हुई माँ के पास आयीं। माँ ने अपनी बिटिया से शाम को जल्दी घर आने को कहा। पर जल्दी क्यों घर आना है, इसके बारे में कुछ नहीं बताया। हालाँकि फूलबासन के मन में सवाल तो उठा, पर चूँकि पहले ही देर हो गयी थी, इसलिए जल्दी आने का वादा कर वे निकल पड़ीं।

तमाम कोशिशों के बाद भी फूलबासन को देर हो गयी। न जाने क्यों, आज पशु कुछ ज़्यादा ही धीमे-धीमे चारा खा रहे थे। फूलबासन को लगा कि वे जितनी जल्दी काम ख़त्म करना चाह रही हैं, पशु मानों जानबूझकर देर कर रहे हैं। पशुओं की धीमी चाल से फूलबासन परेशान हो उठीं। वे नहीं चाहती थीं कि इन पशुओं की वजह से उन्हें डाँट पड़े। और तो और, उन्हें जल्दी घर जाकर अपना होमवर्क भी पूरा करना था।

घर पहुँचते ही उन्हें लगा, आज तो माँ डाँटेंगी, लेकिनइसके विपरीत माँ ने तो बड़ी मुस्कान से उनका स्वागत किया। फूलबासन के लिए ये दृश्य चौंकाने वाला था, क्योंकि बीते कई सालों में उन्होंने अपनी माँ की मुस्कान बहुत कम

बार देखी थी। इसलिए फूलबासन और ज़्यादा उत्सुक थीं, इस मुस्कान के पीछे का कारण जानने को। सुमित्रा ने उन्हें अंदर बुलाया और बाबा के लिए रुकने को कहा। झड़ीराम के आते ही तीनों साथ बैठे और बातचीत शुरू की। माँ-बाबा ने बताया कि शादी तय हो गयी है।फूलबासन को समझ में नहीं आया कि क्या कहा जाए। दस साल की लड़की ने शादी के बारे में अभी तक थोड़ा-थोड़ा जाना और समझा था। पर जो भी जाना था,वह बहुत कम था। जीवन का यह अजीब वाकया था। उन्हें समझ ही नहीं आया कि वे क्या प्रतिक्रिया दें। जिस चीज़ के बारे में उन्हें पता ही नहीं कि वह अच्छा है या बुरा, उसके बारे में वे क्या कह पातीं। न उनके पास कोई राय थी, न कोई प्रतिक्रिया। अपने माँ-बाबा के सामने फूलबासन चुपचाप बैठी रहीं।

दूल्हा-दुल्हन के माँ-बाप ने मिलकर शादी की एक तारीख़ पक्की की। फिर शादी का दिन आ गया।फूलबासन हर दिन की तरह उठीं, माँ ने नये कपड़े पहनाकर तैयार किया। कपड़े कुछ ख़ास नहीं थे, लेकिन हर दिन से कुछ अलग थे और इसी बात से फूलबासन ख़ुश थीं। हाथ-पाँव में गुलाबी रंग भी लगाया गया।

बड़ी बात यह रही कि सिर्फ़ फूलबासन की ही शादी नहीं हो रही थी, उनके साथ तीन और मासूमों का विवाह किया जा रहा था। फूलबासन का विवाह चंदुलाल यादव से तय हुआ था। चंदुलाल के माता-पिता अपने चार बच्चों का विवाह एक साथ कर रहे थे। चंदुलाल के साथ उनके बड़े भाई, छोटी बहन और एक छोटे भाई का भी विवाह हो रहा था। चारों जोड़े नाबालिग थे। शादी के समय चंदुलाल के भाई की उम्र सिर्फ़ छह साल थी और उनका विवाह पाँच साल की एक लड़की के साथ किया जा रहा था।

यह एक अनोखा विवाह समारोह था। आठ मासूम बच्चे अनजाने शादी के बंधन में बंध रहे थे। इनके माता-पिता की ग़रीबी और लाचारी उन्हें ऐसा करने पर मजबूर कर थी। बाल-विवाह निरोधक क़ानून लागू था। सरकारी तंत्र मौजूद था। पुलिस व्यवस्था थी। समाज में कुछ जागरूक और पढ़े-लिखे लोग भी थे। लेकिन इन विवाहों को रोकने की ज़रूरत किसी ने नहीं समझी। एक मायने में या मेल-मिलाप था ग़रीबी, निराशा, नाउम्मीदी, लाचारी से व्यथित परिवारों का। ऐसे परिवारों का, जो वे सब दुःख-दर्द झेल रहे थे, जो 'ग़रीब' झेलने के लिए मजबूर होता है।

फूलबासन की शादी हो गयी, लेकिन उन्हें ससुराल नहीं भेजा गया।मगर शादी के कुछ दिन बाद स्थिति पहले जैसी हो गयी। टपरी पर काम शुरू हुआ, स्कूल आना-जाना शुरू हुआ।

फूलबासन जब शादी के बाद पहली बार स्कूल पहुँची थीं, तब हाथ-पाँव में लगा गुलाबी रंग देखकर स्कूल के सभी शिक्षक जान गये कि फूलबासन बालिका-वधू बन गयी हैं।

एक दलदल से दूसरे दलदल में

सालों से चले आ रहे रीति-रिवाज़ों ने कुछ कठिन कामों को अति सामान्य बना दिया है। रीति-रिवाज़ों के चलते कई लोग बहुत सारी चीज़ों को निहायत ही आम तरीक़े से लेते रहे हैं। बल्कि कई लोग भाँप नहीं पाते कि वे चीज़े रोज़मर्रा के जीवन का हिस्सा हैं। लड़की का अपना घर छोड़ ससुराल जाना भी ऐसा ही एक रिवाज़ है। इस दौरान आने वाली मुश्किलों को बहुत सामान्य मान लिया जाता है। यह जानते हुए कि एक लड़की की रोज़मर्रा की ज़िंदगी में उथल-पुथल आ सकता है, बावजूद इसके कई लोग इसे सामान्य मानते हैं। लड़की की आगे की ज़िंदगी में चाहे कितनी ही मुश्किलें क्यों न आएँ, पर कुछ ऐसे भी होते हैं, जो इन्हें ख़ुद से अलग कर लेते हैं। लड़की अपने सालों पुराने घर को छोड़कर एक दूसरी जगह जाकर जीवन बिताने लग जाती है। ये सब शायद कहना बड़ा आसान है, लेकिन करना बेहद कठिन। फूलबासन के जीवन में उथल-पुथल, मानसिक संघर्षनिरंतर चलता ही रहा।

फूलबासन जब सातवीं कक्षा में आयीं, तब उनकी उम्र तेरह हो गयी थी। उनकी छोटी बहन की उम्र दस पार कर गयी थी। माता-पिता को अब छोटी बेटियों की शादी की चिंता सताने लगी। झड़ीराम और सुमित्रा अपनी तीसरी बेटी द्रुपदी की शादी तय करने से पहले फूलबासन को ससुराल भेजना ज़रूरी समझ रहे थे। दोनों ने चंदुलाल के घरवालों से बात की। वे लोग बहु का स्वागत करने को राज़ी गये।

गौने की तैयारी होने लगी। गौना शादी के बाद की वह रस्म है, जिसमें वर अपने ससुराल जाता है और कुछ रीति-रस्म पूरी करके बधू को अपने साथ अपने घर ले आता है। आमतौर पर उत्तर-भारत में कई घर-परिवारों में विवाह के बाद

वधु की विदाई नहीं की जाती है। गौने के साथ भी कई कार्यक्रम जुड़े होते हैं। बाल विवाह के कई मामलों में यही देखने में आया है कि गौना उस समय होता है, जब वधु, बालिका बाल्यावस्था से किशोरावस्था में प्रवेश करती है, यानी किशोरावस्था में प्रवेश करते ही माता-पिता बेटी का गौना कर ससुराल भेज देते हैं।

फूलबासन ने जैसे ही किशोरावस्था में प्रवेश किया, माता-पिता ने ससुराल भेजने का फ़ैसला कर लिया। हर बार की तरह इस बार भी फूलबासन के पास अपने माँ-बाबा का आदेश मानने के अलावा और कोई विकल्प न था। लेकिन हाँ, इस बार उनकी अपनी राय ज़रूर थी। उनकी राय में यह ग़लत था। वे अपनी पढ़ाई अधूरी छोड़कर ससुराल जाना किसी भी स्थिति में सही नहीं मान रही थीं। लेकिन उनकी राय सुनने वाला कोई न था।

इच्छा के विरुद्ध फूलबासन को एक नयी जगह भेज दिया गया, नये लोगों के बीच रहने के लिए। उनके लिए अपना घर, अपने लोग छोड़ना बेहद मुश्किल था। पर वे क्या करतीं। कोई भी उनकी बातों को मानने को तैयार नहीं था। आख़िरकार फूलबासन को ससुराल जाना पड़ा।

गौने के समय जब फूलबासन अपने पति के घर जा रही थीं, तब उन्हें देने के लिए माता-पिता के पास एक अच्छी साड़ी तक नहीं थी। झड़ीराम और सुमित्रा की हालत इतनी ख़राब थी कि अपनी बिटिया को देने के लिए उनके पास एक भी नयी चीज़ नहीं थी। ग़रीबी का आलम यह था कि माँ-बाप के पास कोई छोटी-सी नयी चीज़ खरीदने के लिए भी रुपये-पैसे नहीं थे।

फूलबासन का ससुराल राजनांदगाँव शहर से आठ किलोमीटर दूर डोंगरगढ़ रोड पर सुकुलदैहान गाँव में है। ससुराल पहुँचते ही फूलबासन को अहसास हुआ कि यहाँ भी हर तरफ़ ग़रीबी के ही निशान हैं। ससुरालवालों की हालत भी ठीक वैसी ही है, जैसी कि अपने घरवालों की।कहने को तो, शादी के बाद फूलबासन को नया घर और नया परिवार मिला था, मगर असलियत में उनके जीवन में कुछ ख़ास नहीं बदला। फूलबासन के पति का परिवार उनके ख़ुद के परिवार से थोड़ा बड़ा था, लेकिन घर का आकार उतना ही था। पति के परिवार में - पिता, मौसी सास, छह भाई और तीन बहनें थीं। फूलबासन के पति भाई-बहनों में चौथे नंबर पर थे।

यहाँ भी दो जून का खाना मिलना उतना ही मुश्किल था, जितना मायके में। संयुक्त परिवार था और क़रीब दो एकड़ ज़मीन थी। घर के लोग दूसरों के यहाँ

नौकरी करते थे। वे या तो दूसरों की गाय-भैंस-बकरी चराकर मेहनताना पाते थे या फिर दूसरों की गाय-भैंसों को दूध बेचकर रुपये जुटाते थे।

कड़ी मेहनत करने के बावजूद इस परिवार की स्थिति में भी ख़ासा बदलाव नहीं हो पा रहा था। परिवार की आमदनी भी नहीं बढ़ पा रही थी। अब भी कमाई उतनी ही थी जितनी 'बार्टरसिस्टम' या कहें कि वस्तु विनिमय प्रणाली के दौरान होती थी। वस्तु विनिमय प्रणाली के तहत काम करने के एवज में उन्हें कभी गेंहू, दूध या चावल दे दिया जाता। तब भी वे अपनी मनमर्ज़ी से कोई भी वस्तु ख़रीदने में असफल रहते। तब भी स्थिति ऐसी ही थी कि उनके पास दिन में दो जून खाने के चीज़ें नहीं होती थीं और अब भी स्थिति ऐसी ही थी। परिवार के सदस्य पहनने के लिए कपड़े अब भी नहीं खरीद पाते। काम करने के बदले में जो कपड़े मिल जाते या कोई दान कर देता, वही पूरा परिवार पहना करता।

ससुराल पहुँचने के अगले दिन से ही फूलबासन को भी काम पर लगना पड़ा। चूल्हा-चौका का काम पूरा होने के बाद वे भी अपने पति के साथ जानवर चराने जाने लगीं। घर लौटने के बाद भी आराम नसीब नहीं होता था। घर में साफ़-सफ़ाई करनी पड़ती।फूलबासन के लिए तो ये अपनी पुरानी ज़िंदगी जीने जैसा ही था। पहले अपने माँ-बाबा के साथ यहाँ संघर्ष करना पड़ता था और अब उन्हें अपने पति के साथ खाने के लिए संघर्ष करना पड़ रहा था। कभी-कभी तो एक दाना तक उन्हें नसीब न होता था। दोनों पति-पत्नी बेबस, लाचार और भूखे रह जाते।फूलबासन के जीवन में मुश्किलें मानों थमने का नाम ही न ले रही थीं। अच्छे दिन दूर-दूर तक नहीं दिखाई दे रहे थे।

बढ़ती उम्र के साथ फूलबासन को ज़िंदगी और साफ़-साफ़ समझ में आने लगी। ग़रीबों की बेबसी को वे और अच्छे से समझ पा रही थीं। ग़रीबी उनके सामने हर दिन एक नयी चुनौती पेश करती। पर जवाब में फूलबासन सिर्फ़ चुपचाप जिये जा रही थीं। कोई प्रतिकार नहीं था।

ससुराल के शुरूआती दिनों में फूलबासन को ऐसा लगा मानों वे किसी जेल में आ गयी हों। उनकी आँखों के सामने से माँ-बाबा, भाई-बहन का चेहरा हटता नहीं था। उन्हें अपने माता-पिता, भाइयों और बहनों की याद सताने लगी। पर इन तमाम मुश्किलों के बावजूद फूलबासन ने कभी मायके जाने की जिद्द नहीं की। वे एक आज्ञाकारी बहु थीं और नये घर में सामंजस्य बैठने की पूरी कोशिश में जुट गयीं।

वैसे भी ग्रामीण भारत की कई कड़वी सच्चइयाँ हैं। आज़ादी के कई सालों बाद भी गाँव में काम करने लायक़ कोई अच्छी नौकरी न थी। गाँवों में आय का कोई सुनिश्चित ज़रिया नहीं था, जिसके ज़रिये ग़रीब परिवारों की ज़िंदगी पटरी पर लायी जा सके। सस्ती मजदूरी करना, मजदूरी के बदले अनाज स्वीकार करना, इन ग़रीबों की मजबूरी थी। शोषणवास्तव में चरम पर था। इन ग़रीबों के पास अपनी ज़िंदगी सुधारने का कोई रास्ता न था। जीवन-शैली बद से बदतर होती जा रही थी। ग़रीबों के पास कोई सामाजिक समर्थन भी न था, जिससे इनके जीवन में कुछ परिवर्तन आ सके। सरकार की नीतियाँ, उसकी योजनाएँ भी इन परिस्थितियों में ख़ासा फ़र्क न ला सकीं। ग्रामीणों की जीवन-शैली और क्रय शक्ति सीमित ही रही। सत्ता हमेशा उच्च श्रेणी, अमीरों, ज़मीदारों के हाथों में ही रही।

माँ बनने का सुख मिला, लेकिन दुःख नहीं हुए दूर

एक दिन फूलबासन का जी मचलने लगा। अजीब-सी घबराहट होने लगी। कुछ देर बाद उल्टी हुई। फूलबासन की हालत देखर मौसी सास को समझने में देर न लगी कि घर में नया मेहमान आने वाला है। मौसी सास ने फूलबासन से माहवारी के बारे में पूछा। जवाब से यह पक्का को गया कि फूलबासन गर्भवती हैं।

फूलबासन अभी पंद्रह साल की भी नहीं हुई थीं कि वे गर्भवती हो गयीं। आसपड़ोस की महिलाओं ने भी फूलबासन को गर्भावस्था के बारे में बताया।मौसी सास और गाँव की दूसरी अधेड़ उम्र की महिलाओं ने उन्हें अब और ज़्यादा सावधानी बरतनी की सलाह दी। उन्हें कम काम करने और तनाव न लेने की सलाह दी गयी। पर वे ये कैसे कर सकती थीं? अनुभवी महिलाओं की सलाह मानना मुमकिन न था। उनके पति अकेले इतना नहीं कमा पाते थे कि दोनों का गुज़ारा चल सके। फूलबासन को कुछ भी भारी उठाने से मन किया गया, लेकिन ये सब उनके लिए मुनासिब न था, क्योंकि उनका मूलतः काम गोबर के कंडे बनाना था। जितना ज़्यादा कंडे वे बना पातीं, उतना वे बेचतीं और पैसा कमा पातीं। इसलिए कम भार उठाने का तो सवाल ही नहीं उठता था। दाई ने उन्हें खाने को लेकर भी अधिक सावधानी बरतने को बोला था,पर दोनों की कमाई को मिलाने के बाद भी इतने पैसे नहीं जुट पाते थे कि वे तीन बार खाना खा सकें। ऐसे में फूलबासन किस तरह से सावधानी बरततीं। न तो आराम कर सकती थीं, न ही ढंग का खाना खा सकती थीं। बिना वजन उठाये काम करना संभव भी न था।

गर्भावस्था के दिन फूलबासन के लिए काफी कठिन थे।चूँकि वे काम करना छोड़ नहीं सकती थीं, इसलिए उन्हें अपने हर क़दम पर ध्यान देना पड़ता था। कभी-कभी तो बेचारी फूलबासन ने दर्द में भी काम किया। शरीर में काफ़ी थकावट रहने लगी।मुँह का स्वाद भी बदल गया।

फूलबासन की दिक़्क़तें कई थीं। सिर्फ़ चौदह साल की छोटी उम्र में उन्हें बता दिया गया किवे माँ बनने वाली हैं। न तो माँ बनने के लिए उनका शरीर तैयार था, न ही मन। वे बेहद छोटी थीं। उन्होंने हमेशा अपनी माँ को उनकी और उनके भाई-बहनों की देखभाल करते देखा था। वे माँ की हमेशा प्रशंसा भी करती थीं और कहतीं थी कि माँ अपने सारे बच्चों को बहुत अच्छे से पालने की कोशिश करती हैं। और देखते ही देखते, अब फूलबासन का भी माँ बनने का समय आ चुका था। पर वे अभी इतनी समझदार न थीं। उन्हें तो माँ बनने के बाद के कर्तव्यों और उत्तरदायित्वों के बारे में पता भी न था। वे डरती थीं। उन्हें अक्सर लगता था कि वे माँ बनने के लिए अभी तैयार नहीं है। उनका ये सोचना सही भी था। एक छोटी-सी लड़की माँ बनने की ज़िम्मेदारी कैसे समझती? फूलबासन यही सोचती थीं किवे ख़ुद की देखभाल तो अच्छे से कर नहीं पातीं, अपने बच्चे की देखभाल कैसे करेंगी। वे ख़ुद एक बच्ची थीं, शायद इसलिए ये समय फूलबासन के लिए चुनौतियों भरा था। उनकी हिम्मत बस उनकी माँ थी, जो उन्हें समझातीं कि एक बार बच्चा होने के बाद उनका जीवन एक अच्छा रूप लेगा।

गर्भावस्था के दौरान फूलबासन को कई ऐसे अनुभव हुए, जिनकी वजह से उन्हें कभी ख़ुशी हुई तो कभी मन घबराने लगा। जब पहली बार फूलबासन ने गर्भाशय में हलचल महसूस की, तो उन्हें घबराहट हुई, लेकिन मौसी सास ने उन्हें इस हलचल का मतलब समझाया। इसके बाद फूलबासन को जब भी गर्भ में शिशु के हिलने-डुलने का अहसास होता, तो उन्हीं ख़ुशी होती।

फूलबासन ग़ौर कर रही थीं कि उनके शरीर में बदलाव हो रहे हैं। लेकिन मन से अब डर निकल चुका था। उन्हें बता दिया गया था कि गर्भावस्था के दौरान शरीर में कैसे-कसे बदलाव होते हैं।

गर्भावस्था में भी मेहनत-मजदूरी जारी थी। गर्भावस्था के दौरान भूख बढ़ गयी थी, लेकिन लाचारी ऐसी कि एक पहर की रोटी भी मिल जाए, तो वह अमृत से कम नहीं थी। गर्भवती महिलाओं को पौष्टिक आहार की ज़रूरत होती है। शिशु

के विकास के लिए भी गर्भवती महिला को पौष्टिक आहार लेना पड़ता है। साग-सब्जियाँ, दाल-दलिया, फल तो दूर, यहाँ दो रोटी जुटाना भी मुश्किल था।

किसी तरह कभी-कभार दूध मिल जाता था।

शारीरिक और मानिसक पीड़ाओं के बीच आखिर ज़चगी का दिन आ गया। जब प्रसव-पीड़ा होने लगी, तब गाँव की दाई को बुलाया गया। फूलबासन ने एक प्यारी-सी बच्ची को जन्म दिया। फूलबासन माँ बन गयीं। अपनी बेटी का चेहरा देख फूलबासन ख़ुशी से मानों पागल हो गयीं। बेटी को देखने के बाद कुछ पल के लिए ही सही उनकी सारी पीड़ा, दुःख-दर्द दूर हो गये। उन्हें लगा कि माँ बनना दुनिया का सबसे दुर्लभतम अहसास है। यह एक ऐसा अहसास था, जो बेहद ख़ास था। माँ बनने के बाद फूलबासन ने अपने अंदर एक अलग-सी हिम्मत महसूस की और इसी कारण उन्होंने अपनी बेटी का नाम 'दुर्गेश्वरी' रखा। ख़ुद बड़ी मुश्किलों से पली बढ़ी फूलबासन अपनी बेटी को एक अच्छी और सुखद ज़िंदगी देने के सपने देखने लगीं।

परेशानियों और ज़िम्मेदारियों ने फूलबासन को उम्र से पहले ही बड़ा बना दिया था। जो स्थितियाँ उनके साथ बीती थीं, वे अपनी बेटी के साथ नहीं होने देना चाहती थीं। अपनी बेटी दुर्गेश्वरी को वे हर आराम देना चाहती थीं।

लेकिन ग़रीब के सपने आसानी से सच नहीं होते। ज़्यादातर ग़रीबों के सपने सच नहीं होते। ग़रीबी सपनों को स्वाहा कर देती है, उम्मीद को नाउम्मीद में बदल देती है। पीड़ा, परेशानी, लाचारी, बेबसी, भूख, अमिट प्यास, तंगहाली, यही सब देना जानती है ग़रीबी। बेटी के जन्म के समय देखने गये सपनों के चकनाचूर होने में ज़्यादा समय नहीं लगा।

बढ़ती ज़िम्मेदारियाँ, बढ़ती परेशानियाँ

माँ बनने से पहले फूलबासन ख़ुद के और पति की जीविका के लिए परेशान रहती थीं। लेकिन बच्ची के आ जाने से अब नयी चिंता फूलबासन को सताने लगी। मदद करने वाला कोई नहीं था। इंसानियत, दया, सहानुभूति - ये सब मानों ग़ायब हो गये थे। ग़रीब चंदुलाल से अकेले अपनी पत्नी और नवजात शिशु के लिए भोजन का इंतज़ाम नहीं हो पा रहा था।

नवजात बच्ची को अपना दूध पिलाने के लिए फूलबासन को अपना पेट तो भरना ही था। बच्ची के लिए दूध का इंतज़ाम हो सके, इसी मक़सद से फूलबासन को काम पर लौटना पड़ा।ज़चगी हुए अभी एक हफ़्ता भी पूरा नहीं हुआ था कि फूलबासन को गाय-भैंस चराना, गोबर के कंडे थापना जैसे काम पर लौटना पड़ा। शुरू के कुछ दिन तो फूलबासन ने अपनी बिटिया को अपनी ननदों के हवाले किया था। लेकिन न जाने क्यों काम से घर लौटने के बाद बिटिया की हालत देखकर फूलबासन को शक हुआ कि दुर्गेश्वरी की सही देखभाल नहीं की जा रही है। जब मन में एक बार शंका घर कर जाती है,तब तरह-तरह के बुरे ख़याल आते हैं। बुरे ख़यालों से घबराकर फूलबासन ने फ़ैसला किया कि वे अपनी बिटिया को अपने साथ ही ले जाएँगी। अब फूलबासन जहाँ कहीं जातीं, दुर्गेश्वरी को अपनी पीठ पर लादकर ले जातीं।

मुसीबतों से भरी ज़िंदगी ऐसे ही कटी जा रही थी।दुर्गेश्वरी के जन्म के क़रीब डेढ़ साल बाद फूलबासन फिर गर्भवती हुईं। उन्हें दूसरी बार भी लड़की हुई। फूलबासन माता रानी की भक्त थीं और उन्हीं के भरोसे जिये जा रही थीं। यही वजह थी कि उन्होंने अपनी दूसरी बेटी का नाम भी देवी माँ के नाम पर दुर्गा रखा।

अब छोटी-सी झोपड़ी में चार लोग हो गये थे। चंदुलाल, फूलबासन और उनकी दो बेटियाँ - दुर्गेश्वरी और दुर्गा। आमदनी उतनी ही रही, लेकिन ख़र्च बढ़ गया।

हर दिन वही कहानी दोहरायी जाती। मुश्किल से दो जून की रोटी का इंतज़ाम हो पाता। अक्सर रात भूखे पेट ही गुज़ारनी पड़ती।

अभी उम्र बीस साल भी नहीं हुई थी कि फूलबासन तीसरी बार गर्भवती हो गयीं। तीसरी ज़चगी में लड़का हुआ। फूलबासन को लगा कि यह लड़का बड़ा होकर ग़रीबी का अंधकार दूर करेगा, इसकी वजह से उसका नाम दीपक। दीपक के जन्म के कुछ सालों बाद एक और लड़के का जन्म हुआ। यानी तेईस साल की उम्र में ही फूलबासन चार बच्चों की माँ बन गयीं। घर में चार बच्चों के होने की वजह से माँ ख़ुश तो थीं, लेकिन इनका पेट भरना बहुत बड़ी चुनौती थी। जैसे-जैसे बच्चों की संख्या बढ़ी, वैसे-वैसे मुसीबतें बढ़ती चली गयीं। फूलबासन की झोपड़ी के सामने मुसीबत पहाड़ बनकर खड़ी थी। सबसे बड़ी चुनौती चारों बच्चों के पेट भरने के लिए अन्न का प्रबंध करना था।नन्ही जानों के लिए दूध भी ज़रूरी था। एक तरफ़ चार बच्चों को संभालना और दूसरी तरफ़ मेहनत-मज़दूरी करना। अब हर समय फूलबासन के शरीर में दर्द रहने लगा। हर दिन अंग टूटता। चार बच्चों को एक साथ और वह भी अकेले संभालना आसान नहीं था। एक का रोना चुप होता, तो दूसरा शुरू हो जाता था। जब चारों बच्चे किसी वजह से एक साथ रोने लगते, तो फूलबासन का कलेजा काँप उठता था।

जब कभी कोई बच्चा बीमार होता, तो फूलबासन की तकलीफ़ें बढ़ जातीं। चारों में से किसी को भी बुख़ार हो जाता, तो उनके दिल की धड़कनें तेज़ हो जातीं। माता रानी से दुआएँ माँगी जातीं।

जैसा कि उर्दू के मशहूर शायर मुन्नवर राना ने कहा है,

छू नहीं सकती मौत भी आसानी से इसको

यह बच्चा अभी माँ की दुआ ओढ़े हुए है

दुर्गेश्वरी, दुर्गा, दीपक और प्रशांत की परवरिश भी माँ की मेहनत और दुआओं के दम पर ही हो रही थी।

फूलबासन को ज़िंदगी में ख़ुशी और ख़ुशहाली की रोशनी कम ही दिखाई देती थी। हर तरफ़ उन्हें अधियारा ही अंधियारा नज़र आता था। इसी एक बड़ी वजह यह थी कि कोई मददगार दिखाई न देता था। मदद करना तो दूर, दिन-रात की मेहनत-मजबूरी की सही रक़म देने वाला कोई न था। हर कोई मजबूरी का फ़ायदा उठा रहा था।सभी को अपने सुख की चिंता थी, किसी को भी दूसरे की परवाह नहीं थी।आशा की झलक न थी। वैसे भी निर्धन के घर में उदासी और बेबसी के अंधकार में आशा की किरण नहीं आती है।

फूलबासन के प्रयासों में कोई कमी न थी।बावजूद इसके बच्चों का पालन-पोषण सबसे बड़ी चुनौती थी।दोनों, पति-पत्नी जीतोड़ मेहनत करते, पर हाथ में इतना अनाज न आता कि चारों बच्चों का पेट भरा जा सके।

चंदुलाल और फूलबासन के पास कोई ऐसा कौशल न था, जिसकी बदौलत वे उम्मीद से ज़्यादा पैसा कमा पाते। ऐसे ही जीवन का चक्र जारी रहा। दोनों, पति-पत्नी पशुओं और बकरियों को चारा खिलाने ले जाते। फूलबासन गोबर के कंडे भी बना कर बेचतीं और थोड़ा बहुत पैसा कमातीं। पहले लोग कंडे ज़्यादा मात्रा में लेते थे और खाना बनाने के लिए इसी का इस्तेमाल किया करते थे, लेकिन गैस-स्टोव के आने के बाद इसकी माँग काम होने लगी।

हर सुबह फूलबासन और चंदुलाल इसी उम्मीद के साथ घर से निकलते कि आज उन्हें इतनी रक़म मिल जाए, जिससे बच्चों की भूख-प्यास मिटे। दोनों अपने बच्चों को कोई परेशानी नहीं उठाने देना चाहती थे। दोनों हर सुबह बच्चों के लिए हर ज़रूरी चीज़ मुहैया कराने का ख़ुद से वायदा करते। लेकिन जब शाम को घर लौटते, तो थके-हारे होते।

बच्चों की जान बचाने दूसरों के सामने फैलाने पड़े हाथ

दिन-ब-दिन हालत बद से बदतर होती जा रही थी। बच्चे भूखे रहने लगे। भूख की वजह से बच्चे सूखकर काँटा हो गये। दुर्गेश्वरी का बदन पीला पड़ गया था। दुर्गा एक कोने में बेसुध पड़ी रहती थीं।दीपक की अंतड़ियों में बल पड़ने लगा था। बदन पर हड्डियाँ गिनी जा सकती थीं। प्रशांत का रो-रोकर बुरा हाल था।

बच्चों की यह हालत देखकर फूलबासन के मन में अजीब-सा डर समाने लगा। माँ को इस बात की चिंता होने लगी कि कहीं भूख-प्यास उनके बच्चों को उनसे न छीन ले।डर के मारे फूलबासन के पैर थर-थर काँपने लगे। कलेजा धक-धक करने लगा।

हर कोई हार मान सकता है, लेकिन माँ कभी हार मान नहीं सकती। वह मिटने के लिए तैयार हो जाती है, लेकिन अपने बच्चों को मिटने से बचा लेती है।जब फूलबासन को लगा कि अगर कुछ देर में उनके बच्चों को दूध या अन्न नहीं मिला, तो वे मर जाएँगे, तब फूलबासन दीपक और प्रशांत को लेकर घर से बाहर निकलीं।

पड़ोस में जाकर दरवाज़ा खटखटाया। द्वार खुलते ही मदद की गुहार लगायी। लेकिन मदद नहीं मिली।

फूलबासन एक के बाद के कर हर घर की दहलीज पर पहुँचीं। बच्चों की हालत दिखाई। लेकिन एक का भी मन न पसीजा। फूलबासन को समझ में नहीं आ रहा था कि लोग आख़िर इतने निर्दयी और क्रूर कैसे हो गये हैं।

बच्चों की हालत देखकर कोई भी आसानी से समझ सकता था कि उनके पेट में कई दिनों से अन्न का एक दाना भी नहीं गया है। अगर यही हालत रही, तो भूखे पेट की आग इन बच्चों की साँसें हमेशा के लिए बंद कर देगी।

गाँव में बहुत सारे लोगों के पास बहुत कुछ था। ये सभी हर मायने में संपन्न थे। कमी थी तो दया की, सहानुभूति की।

फूलबासन असहाय महसूस करने लगीं। उम्मीदें भी मरने लगी थीं। माथा चकराने लगे।समझ नहीं आ रहा था कि करें तो क्या करें। रिश्तेदारों का हाल भी बुरा था। पड़ोसी सारे मुँह फेर रहे थे।दूसरे भी मदद को आगे नहीं आ रहा था। ऐसे में बच्चों को खाना कैसे खिलाया जाए, कैसे उनकी जान बचायी जाए।

निराश और हताश फूलबासन घर लौट आयीं। बच्चों को थोड़ा-थोड़ा पानी पिलाया और ज़मीन पर लिटा दिया। अब सिर्फ़ माता रानी का भरोसा था।

वह रात बड़ी भयानक थी। फूलबासन को अपशकुन लग रहा था। बच्चे बेहोश-से ज़मीन पर पड़े थे। फूलबासन पागल-सी उनके पास बैठे दुआएँ माँग रही थीं। फूलबासन की हालत भी काफ़ी ख़राब थी। भूख-प्यास की वजह से शरीर सिकुड़ गया था। आँखें लाल हो गयी थीं।

बड़ी मुश्किल से वह रात कटी थी। उजाला होते ही फूलबासन मजदूरी पर निकल पड़ीं। बच्चों की क़िस्मत में जीना लिखा था, इस वजह से फूलबासन को दोहपर तक मेहनत का फल मिल गया। गोपर के कंडे बेचने से जो पैसे मिले थे, उनसे अनाज और दूध खरीदकर वे घर दौड़ी-दौड़ी आयीं। चावल उबाले, दूध गरम किया और बच्चों को दिया। किसी तरह बच्चों की जान में जान आयी।

हर दिन संघर्ष था। हर दिन लड़ाई थी ग़रीबी से। ग़रीबी से न लड़ते, तो भुखमरी निगल जाती। एक मायने में फूलबासन हर दिन लड़ती थीं मौत के ख़िलाफ़। हालत इतनी ख़राब थी कि कभी-कभी तो परिवार के पास नमक-मिर्च ख़रीदने तक के पैसे नहीं होते थे। बेस्वाद खाने से ही उन्हें संतोष करना पड़ता। रोज़-रोज़ की इस कमी से फूलबासन उकता गयी थीं। कई प्रयासों के बावजूद वे अपने बच्चों को भरपेट खाना नहीं खिला पा रही थी। उनके पति भी दिन-रात मेहनत कर रहे थे, पर इससे कुछ हासिल नहीं था। कभी-कभी तो दोनों अपना पेट काट-काटकर बच्चों का पेट भरते, लेकिन ऐसा भी आख़िर कब तक चलता।

एक शाम घर आकर जब फूलबासन आराम कर रही थीं, उस समय उन्हें वे पुराने दिन याद आये, जब उनके माता-पिता आर्थिक तंगी से जूझ रहे थे। उनके माँ-बाबा की निराशा तो उन्होंने देखी थी, लेकिन उनके पीछे का कारण वे उस वक़्त ठीक समझ नहीं पायी थीं। आज अपने माँ-बाबा की जगह फूलबासन हैं और उनकी जगह उनके बच्चे। अपने भूखे बच्चों को देख फूलबासन का दिल रोता था। कभी वे खाने के लिए ऐसे ही तरसती थीं, जैसे आज उनके बच्चे तरस रहे हैं। उन्होंने हर कोशिश की और असफल रहीं। इन सारी असफलताओं और निराशा की वजह से उन्हें बचपन की एक बात याद आयी, 'सब के माँ-बाप होते हैं, केवल गरीबों को छोड़ कर, क्योंकि ग़रीब का कोई नहीं होता।'

बेटे को सुई न लगा पाने से दिल में हुई चुभन

फूलबासन अपनी बड़ी बेटी की मेहनत को देखकर उनकी सराहना करतीं। उनकी बेटी उन्हीं की तरह अपने घरवालों के साथ हर काम में हाथ बँटातीं। पर दुर्गेश्वरी का शरीर हर बार साथ न देता। दिन-ब-दिन वे कमज़ोर होती जा रही थीं। रोज़ वे अपने भाई-बहनों के लिए खाना छोड़ दिया करतीं और ख़ुद भूखी रहतीं।

कहते हैं वक़्त हर दिन नयी परीक्षा लेता है। एक दिन फूलबासन के घर की परिस्थिति बेहद गंभीर हो गयी।

दुर्गेश्वरी का स्वास्थ्य दिन-ब-दिन गिरता जा रहा था। धीरे-धीरे वे कुपोषित होते जा रही थीं। उनकी रोग-प्रतिरोध क्षमता कम होती जा रही थी। नतीजा, दुर्गेश्वरी बीमार रहने लगीं। एक दिन उनका शरीर तेज़ बुखार से जल रहा था। चूँकि शरीर में जान नहीं थी, इसलिए कमज़ोरी होने के कारण बेहोश होकर वे गिर पड़ीं। फूलबासन ने उन्हें उठाने की कोशिश की, लेकिन उनकी बेटी होश में नहीं आ रही थीं। हालत हाथ से निकल चुकी थी और फूलबासन को लगा कि उनकी बेटी उन्हें हमेशा के लिए छोड़ कर चली गयी हैं। फूलबासन के पति डॉक्टर लाने के लिए दौड़े।जैसे ही डॉक्टर को दुर्गेश्वरी की ऐसी हालत का पता लगा,वे तुरंत दौड़े चले आये। दुर्गेश्वरी को जाँच करने के बाद डॉक्टर ने बताया कि बेटी कुपोषण का शिकार हो गयी है, लेकिन इसे ठीक किया जा सकता है। डॉक्टर ने कहा कि विटामिन और मिनरल बच्ची के अंदर इंजेक्शन के द्वारा डाले जाएँगे। साथ में कुछ दवाईयाँ खिलानी पड़ेंगी, तभी दुर्गेश्वरी को फिर से ठीक किया जा सकता है। लेकिन यहाँ सबसे बड़ी दिक़्क़त तो पैसों की थी।

फूलबासन बदहवास-सी इधर-उधर पैसे माँगने के लिए दौड़ने लगीं। सबको उन्होंने अपनी बेटी की हालत के बारे में बताया, लेकिन किसी ने सुध न ली। न ही कोई मदद को आगे आया। फूलबासन और उनके पति के पास इतने पैसे कभी हुए ही नहीं कि वे आगे होने वाली अनहोनी या ज़रूरतों के लिए जमा करके रखें। जैसे-तैसे फूलबासन ने कंडे बेच-बेचकर पैसे इकट्ठा किये और बेटी के लिए दवाइयाँ ख़रीदी। बेटी की सेहत तो सुधर गयी, लेकिन इस घटना ने उन्हें रुपये-पैसे जमा करने की अहमियत बतला दी। हर मुमकिन कोशिश के बावजूद ग़रीबी दूर नहीं हुई और न ही मौत को टालने की लड़ाई।

एक दिन फिर ऐसा आया, जब घर पर खाने को एक दाना न था। रोज़ किसी तरह वे अपने बच्चों खाने के लिए कुछ न कुछ दे ही देती थीं, लेकिन आज उनके बस में वह भी नहीं था। बात आज खाने-भर की नहीं थी। सबसे छोटे बेटे प्रशांत की हालत बहुत ख़राब थी। बदन में उसके आग-सी लगी थी। तेज़ बुख़ार था। वह बड़ी मुश्किल से साँसें ले रहा था। फूलबासन अपने बच्चे को गोदी में उठाकर डॉक्टर के पास दौड़ीं। डॉक्टर ने जाँच करने के बाद बताया कि प्रशांत की हालत नाज़ुक है। फ़ौरन सुई लगाने की ज़रूरत है। डॉक्टर ने पर्ची पर सुई के लिए दवाई लिख कर दे दी। बीमार बच्चे को गोदी में लिए फूलबासन दौड़ी-दौड़ी दवाई की दूकान पर पहुँचीं। पर्ची दिखाई। दुकानदार ने तीन रुपये देने को कहा। फूलबासन के पास पाँच पैसे नहीं थे। रोती-बिलखती माँ ने दुकानदार से दवा देने की गुहार लगायी और भरोसा दिलाने की कोशिश की कि वे जल्द ही रुपये अदा कर देंगी। लेकिन दुकानदार जानता था कि फूलबासन की हालत कैसी है। उसे उधार देने से मना कर दिया।ग़रीब आदमी का आदर-सत्कार करना तो बहुत ही दूर की बात है, कोई भी ग़रीब इंसान पर विश्वास ही नहीं करता।

फूलबासन ने आस-पड़ोस के लोगों से भी मदद की गुहार लगायी। पत्थर दिलों पर कोई असर नहीं हुआ। परिचित लोगों के यहाँ जाकर हाथ फैलाये, किसी ने कुछ न दिया। चारों तरफ़ निराशा से घिरीं फूलबासन ने एक बार फिर अपने लाड़ले को माता रानी के हवाले कर दिया। फूलबासन ने मन ही मन सोचा कि अगर माता रानी ने चाहा को प्रशांत ज़िंदा रहेगा।

जाको राखे साइयां, मार सके न कोय ।

बाल न बांको कर सके जो जग बैरी होय।।

बिना सुई लगाये ही प्रशांत की जान बच गयी। पेट में दूध क्या गया, जान में जान आयी।

लेकिन इस घटना ने एक बार फिर फूलबासन को अंदर से हिलाकर रख दिया। उन्हें यह समझ ही नहीं आ रहा था कि लोग इतने निष्ठुर कैसे हो जाते हैं?

फूलबासन को इस बात की सबसे बड़ी पीड़ा थी कि मदद करना तो दूर कुछ लोगों ने उनका मज़ाक भी उड़ाया था। कुछ महिलाओं ने कहा था, "यूँ ही कैसे मुँह उठाये चले आते हैं?" यह सच है कि हर जगह ऐसे ओछे लोग रहते हैं, जिन्हें दूसरों को नीचा दिखाने में ही आनंद आता है।

ग़रीबी की वजह से फूलबासन को अपमान के घूँट भी पीने पड़े थे।फूलबासन अक्सर सोचा करतीं कि आख़िरकार कोई भी व्यक्ति ग़रीब नहीं होना चाहता। अगर वे और उनका परिवार ग़रीब है, तो इसमें उनका क्या कसूर। इतनी मेहनत के बाद भी अगर परिवार का लालन-पालन नहीं हो पाता है, तो इसके लिए वे क्या करें। कहाँ जाएँ। किससे अपनी तकलीफ़ कहें। किसको बताएँ कि ग़रीबी दुनिया का सबसे बड़ा अभिशाप है। किसको अपने दिल का हाल बताएँ कि सबकुछ बर्दाश्त है, पर ग़रीबी सहन नहीं होती।

बदलाव का वह क्षण,
ग़रीबी के ख़िलाफ़ लड़ाई का लिया प्रण

फूलबासन के मन में यह बात कुंडली मारकर बैठ गयी कि माता रानी ने ही उनके बेटे की जान बचायी है। उन्हें अहसास हुआ कि ग़रीबी के थपेड़े खाते-कहते वे माता रानी को भूल गयी थीं। फूलबासन ने फ़ैसला किया कि वे अब हर दिन घर पर माता रानी की पूजा करेंगी और समय निकालकर मंदिर जाएँगी और भजन गाएँगी।

फ़ैसले के मुताबिक़ फूलबासन अब हर दिन मंदिर जाने लगीं। बचपन में जो भजन सीखे थे, वे उन्हें जाने लगीं। उनकी देखा-देखी कुछ और महिलाएँ मंदिर में भजन गाने लगीं। कुछ ही दिनों में छुरिया की तरह ही सुकुलदैहान में भी भजन मंडली बन गयी। वहाँ की और यहाँ की भजन-मंडली में फ़र्क सिर्फ़ एक था। वहाँ फूलबासन भजन-मंडली का हिस्सा थीं और यहाँ वे नायिका।

मंदिर में भजन गाने की वजह से फूलबासन को धर्मपरायण व्यक्तियों से कुछ रुपये भी मिलने लगे।लेकिन ग़रीबी से लड़ाई जारी रही। चावल-रोटी के लिए संघर्ष जारी रहा।संघर्ष के इन्हीं दिनों में भी फूलबासन अपने बच्चों के साथ-साथ समाज की चिंता भीकरने लगीं। उन्हें चिंता, समाज में अपनी जैसी दूसरी माताओं की भी रहने लगी। फूलबासन को अपने आसपास ढेरोंउन जैसी माँ दिखती थीं, जो ऐसी स्थिति से परेशान होकर बेसहारा महसूस करतीं।

फूलबासन को अचानक यह अनुभूति हुई कि उनके ही गाँव में कई महिलाएँ हैं, जिनका हाल बुरा है और ये भी ग़रीबी के थपेड़े खा रही हैं। उनके घर की तरह ही कई ऐसे घर हैं, जहाँ कई दिनों तक चूल्हा नहीं जलता। इसी अनुभूति से एक

और बड़ी अनुभूति हुई। फूलबासन को अहसास हुआ कि उनके जैसी महिलाएँ तो दुनिया-भर में बहुत सारी हैं। दुनिया में अमीर कम हैं और ग़रीब बहुत ज़्यादा।

इस अहसास के बाद से फूलबासन को सुबह से शाम तक बस इस बात की चिंता रहती कि आख़िर समाज से ग़रीबी की समस्या कैसे ख़त्म की जा सकती है। उन्हें लगा कि समाज से इस समस्या को ख़त्म कर देने का असर यह होगा कि किसी माँ को अपने बच्चों के लिए किसी से अनाज या पैसा नहीं माँगना पड़ेगा। किसी के आगे अंचल नहीं पसारना पड़ेगा।

फूलबासन का जीवन अबतक केवल संघर्षों से भरा था। अबतक की ज़िंदगी में उन्होंने सिर्फ़ ख़ुद को अलग-अलग मोर्चे पर लड़ाया और मुँह की खाती रहीं। हर बार ऐसा लगता कि शायद अब जीवन बदलेगा। अब सबकुछ ठीक हो जाएगा। अब बुनियादी चीज़ों के लिए दर-दर की ठोकरें नहीं खानी पड़ेंगी। पर ज़िंदगी हर दिन वही चुनौतियाँ सामने ला खड़ी कर देती।

फूलबासन बचपन से ही अपनी समझदारी और गहरी सोच से लोगों को अचरज में डाल दिया करती थीं। महज सात साल की उम्र में नैतिक अर्थव्यवस्था के बारे में उन्होंने समझ लिया था। अब वही बच्ची बड़ी हो चुकी थी। फूलबासन चार बच्चों की माँ बन चुकी थीं। सोच-विचार में परिपक्व हो चली थीं। रोज़मर्रा की मुश्किलें से उबरने के लिए आज की तारीख़ में उनकी नैतिक अर्थव्यवस्था वाली सोच, समाज में सुधार के लिए काफ़ी उपयोगी साबित हो सकती थी। फूलबासन बचपन से ही इस ग़रीबी का बोझ झेल रही थीं। बचपन से लेकर आजतक उनका जीवन कभी भी आर्थिक तौर पर स्थिर नहीं हो सका था। माँ बनने के बाद भी जब-जब वे अपने बच्चों की ख़ातिर पैसे माँगने गयीं, लोगों ने मज़ाक भी बनाया।

फूलबासन अपने बच्चों को पढ़ाना चाहती थीं, लेकिन पैसों की तंगी ने उन्हें यह भी न करने दिया। उन्हें अहसास हुआ कि अगर लोग एक-दूसरे की मदद करने लगे, तो बहुत सारे परिवारों की ज़िंदगी ख़ुशहाली की पटरी पर आ सकती है। लेकिन फूलबासन ने आज तक इंसानों का निर्दयी रूप ही देखा था। बावजूद इसके, वे दुनिया में परिवर्तन लाना चाहती थीं। अपने बच्चों को एक अच्छा भविष्य देना चाहती थीं। अपने साथ लाखों और माताओं के जीवन में ख़ुशियाँ लाना चाहती थीं। हालातों की वजह से वे मजबूर थीं, पर अपनी सोच को लेकर निराशावादी और आशाहीन नहीं थीं। वे मजबूर थीं, अपने बच्चों को भूखा पेट सोते देखने के लिए। उनका दिल दुखता था अपने बच्चों की ऐसी हालत देखकर और अब वे सिर्फ़ ख़ुद

का नहीं बल्कि अपने जैसी लाखों माताओं के बारे में भी सोच पा रही थीं। उनका दर्द भी महसूस कर रही थी। फूलबासन अपने आपको बदकिस्मत माँ मानती थीं, जिन्हें अपने ही बच्चों को दर्द में रखना पड़ रहा था। वे इन सारी परेशानियों को पीछे छोड़ आगे बढ़ना चाहती थीं। अपने साथ-साथ उन सारी महिलाओं को लेकर सबके लिए एक अच्छा जीवन चाहती थीं। फूलबासन चाहती थीं कि सब औरतें एक-दूसरे की मदद करके एक बड़ा संगठन बनाएँ, जो न केवल व्यक्ति विशेष की बल्कि पूरे समाज की मदद करे। फूलबासन ने प्रण लिया कि वे ग़रीबी के ख़िलाफ़ लड़ाई को तेज़ करेंगी और ग़रीब महिलाओं को साथ लेकर संघर्ष करेंगी। संघर्ष सिर्फ़ ग़रीबी के ख़िलाफ़ नहीं, बल्कि उस मानसिकता के ख़िलाफ़ होगा, जो ग़रीबों का शोषण करती है, मजबूरी का नाजायज़ फ़ायदा उठाती है, ग़रीबों को ग़रीब रखने के लिए षडयंत्र रचती है।

फूलबासन जंगल से लकड़ी काट कर लाती थीं। बचपन से ही उनके मन में एक बात बैठी थी। एक लकड़ी कमज़ोर होती है, उसे कोई भी आसानी से तोड़ सकता है। अगर लकड़ियों को जोड़ दिया जाए और उन्हें रस्सी से एक सूत्र में बाँध दिया जाए, तो वे मज़बूत हो जाती हैं। फूलबासन समझ गयी थीं कि अकेली नारी कमज़ोर होगी और अगर कई कमज़ोर नारियाँ एक साथ आ जाएँगी, तो उनकी कमज़ोरी तो दूर होगी ही ताक़त बढ़ जाएगी। फूलबासन ने ठान ली कि वे ग़रीब महिलाओं के साथ मिलकर ग़रीबी को हराएँगी।

क्रांति का बीज बोया गया

बड़ा सामाजिक बदलाव एक दिन में नहीं होता। कोई भी, कैसा भी बड़ा परिवर्तन क्रम से होता है और धीरे-धीरे अपने लक्ष्य की तरफ़ बढ़ता है। एक बड़े परिवर्तन का नाम ही क्रांति है।

किसी विद्‌वानने कहा है, जब बदलाव धीरे-धीरे आता है, तो उसे विकास कहते हैं और जब बदलाव तेज़ी से आता है, तो उसे क्रांति कहते हैं।मतलब साफ़ है कि जब अन्याय के ख़िलाफ़ विद्रोह बहुत बड़े स्तर पर होता है, तो उसे भी हम क्रांति कह सकते हैं और जो उस क्रांति को सफल बनाने के लिए सर्वस्व न्योछावर कर देते हैं,उन्हें क्रांतिकारी कहते हैं। क्रांति लोगों को उनके हितों का केवल ज्ञान ही नहीं कराती, अपितु उनकी रक्षा हेतु विद्रोह करने की शक्ति भी देती है। क्रांति ही है जो व्यक्ति के अंदर पल रहे अन्याय के डर को ख़त्म कर देती है और विद्रोह करने की एक शक्ति प्रदान करती है।

फूलबासन का डर मिट चुका था। उनके मन में क्रांति का बीज पड़ चुका था। वे समाज में इस बीज को बोने को आतुर थीं।

फूलबासन ने अपने जीवन के सबसे भयावह और ख़राब दिन देखे थे। उनके बच्चों की ख़राब होती तबीयत ने उनकी चिंता और बढ़ा दी थी। जब भी पशुओं को चारा खिलाने ले जातीं, उनके मन में बस यही चलता रहता कि वे अपने बच्चों को बिल्कुल भी उनके जैसा जीवन नहीं देगीं। फूलबासन ने कभी भी लिंग-भेद में यकीन नहीं रखा। वे उन लोगों में से नहीं थीं, जो ये सोचते हैं कि एक औरत को यह नहीं करना चाहिए और यह करना चाहिए। वे इस ख़यालात की नहीं थीं कि औरत सबकुछ नहीं कर सकतीं। वे माँ आदि शक्ति की भक्त थीं। फूलबासन बस

माँ आदि शक्ति के नौ रूपों के बारे में सोचतीं और एकाएक उनके अंदर जीने की नयी शक्ति का संचार होने लगता। वे अपने इरादों को लेकर और दृढ़ हो जातीं और जीवन के बारे में निश्चितता और बढ़ जाती।

'एक जानवर तक अपना ख़ुद का दर्द समझता है। लेकिन इंसानियत तो तभी आती है, जब आप दूसरों का दर्द समझो।' फूलबासन की ये उन्हें सोच बाक़ियों से अलग करती है। उनकी इस सोच में मानवीयता का भरपूर पुट है। वे सिर्फ़ ख़ुद के लिए न सोचकर हर ग़रीब के बारे में सोचने लगीं। ग़रीबी उनके चारों तरफ़ थी। वे आस-पास जहाँ भी नज़र दौड़ातीं, उन्हें लगताहर तरफ़ मानों उनकी कहानी की तरह ही है दूसरी औरतों की भी कहानी। फूलबासन की कहानी उनकी अकेले की नहीं थी, बल्कि उनके जैसी हज़ारों, लाखों औरतों की थी। फूलबासन को लगता था कि औरतों को अपने हक़ के लिए, जीवन में आगे बढ़ने के लिए ख़ुद से खड़ा होना पड़ेगा। औरतों को आर्थिक रूप से किसी पर भी आश्रित नहीं रहना चाहिए। औरतों को हर काम, हर ज़िम्मेदारी ख़ुद के हाथों में लेकर एक अच्छे जीवन की ओर बढ़ना चाहिए।

लेकिनअब सवाल था, कैसेकिया जाए? कैसे एक अकेली महिला लोगों की स्थिति बेहतर करने में मददगार साबित हो सकती है। वे ख़ुद इतना नहीं कमा पाती थीं कि घर-परिवार में सभी जनों की भूख मिटे। इसी कारण फूलबासन ने सबसे बुनियादी और मूल समस्या के बारे में सोचा और पहले उसे ख़त्म करने का तरीक़ाढूँढना शुरू किया। इन सारे परिवारों की सबसे बड़ी दिक़्क़त थी, भविष्य के लिए जमा पूँजी इकट्ठा न करना। कोई भी स्थायी रोज़गार का न होना। फूलबासन ने अपने दिमाग़ में एक ख़ाका तैयार किया। छोटे-छोटे क़दमों से आगे बढ़ते हुए एक छोटा समूह बनाने की योजना बनायी। लोगों को रोज़गार देने का एक लक्ष्य उन्होंने अपने दिमाग़ में तय कर लिया था। बस यही वह पल था, जिसने उनकी ज़िंदगी बदल दी। फूलबासन को अपनी ज़िंदगी का उद्देश्य मिल गया था। आगे का रास्ता उन्हें अब साफ़ दिखने लगा था। ग़रीबी और दर्द उन्होंने कई सालों तक झेल लिया था, लेकिन अब और नहीं। अब बदलाव की घड़ी आ चुकी थी। अब अपनी क़िस्मत को अपने हाथों से संजोना था और आगे बढ़ना था। बदलाव का सिलसिला शुरू हो चला था। कहते हैं किसमाज में बड़ा बदलाव करने से पहले ख़ुद को बदलना होता है। सोच बदलनी होती है।

फूलबासन ने पहली लड़ाई जीत ली थी। ख़ुद से लड़ीं भी और अपने दिल-दिमाग़ को बदल भी लिया। अब बड़े बदलाव की बारी थी।

लड़ाई के मैदान में दुश्मनों और चुनौतियों का सामना करने से पहले मन में बसे डर से लड़ना पड़ता है। यह स्वाभाविक भी है।डर से तो फूलबासन बहुत बार लड़ चुकी थीं। डर मर चुका था और अब डर से लड़-लड़कर आगे निकलने का निश्चय था। निश्चय था, बड़े बदलाव का, सामाजिक और आर्थिक बदलाव। फूलबासन नहीं जानती थीं कि क्रांति क्या होती है, लेकिन उन्होंने मन बना लिया था कुछ बड़ा करने का।

ग़रीबी, भुखमरी के ख़िलाफ़ हथियार बना 'रामकोठी'

एक दिन गोबर इकट्ठा करते वक़्त फूलबासन ग़रीबी के बारे में सोच रही थीं। उन्होंने सोचा कि एक महिला और उसके परिवार को आमतौर पर तीन तरह की समस्याएँ झेलनी पड़ती हैं।पहली, ज़रूरत के समय कोई भी मदद के लिए आगे नहीं आता। दूसरी, जब इन परिवारों के पास पैसा होता है, तब उन्हें पैसे जमा करने की अहमियत नहीं पता रहती है। तीसरी, कई परिवार ऐसे हैं, जिनके यहाँ हर दिन चूल्हा नहीं जलता। ये परिवार इतने ग़रीब हैं कि कई दिनों तक इन्हें भूखे रहना पड़ता है।

फूलबासन ने इन समस्याओं के बारे में एक समाधान सोचा।उन्हें लगा कि अगर हर औरत हफ़्ते के दो रूपये और दो मुट्ठी चावल अलग से जमा करने लगे, तो पैसे और खाने, दोनों की दिक़्क़त मिट सकती है। फूलबासन को यह भी समझ आया कि अगर कुछ औरतें एकसाथ मिलकर आगे आएँ, तो वे मुश्किल घड़ी में एक-दूसरे की मदद कर सकती हैं। इसपर अमल करने से एक तरफ़ तो औरतें आत्मनिर्भर हो जाएँगी और दूसरी ओर उनके स्वाभिमान को ठेस भी नहीं पहुँचेगी और न ही कोई उनका मज़ाक बनाएगा।

बचपन से जिस बात को लेकर फूलबासन काम करना चाहती थीं, जिसकी सख़्त ज़रूरत ग़रीबोंके बीच महसूस करती थीं, अब वह एक रूप लेने को तैयार था। ग़रीबों की समस्या को दूर करने की कोशिशें तेज़ हो गयीं। फूलबासन ने पहली सीढ़ी तो पार कर ली थी, हालाँकि आगे अभी कई सारी सीढ़ियाँ चढ़नी थीं। पर सामने एक तत्काल समस्या थी, महिलाओं को किस तरह से इस योजना

के लिए राज़ी किया जाए, उन्हें कैसे जोड़ा जाए और कैसे सभी को एक सूत्र में बाँधा जाए।

परेशानी में कई इंसान भगवान की शरण लेते हैं। फूलबासन ने भी यही किया। बचपन से फूलबासन को मंदिर और भगवान पर अटूट भरोसा था। वे भगवान की मूर्तियों से बात करती थीं और उन्हें अपनी समस्या बताती थीं। ऐसा करने से फूलबासन को गहरी शांति मिलती थी। इस बार भी उन्होंने यही रास्ता अपनाया। वे अपनी सारी परेशानियाँ और समस्याएँ भगवान से साझा कर रही थीं और उन्हें उसका समाधान भी वहीं मंदिर में मिल गया।

फूलबासन के पास एक भजनमंडली थी, जो कीर्तन किया करती थी। इस मंडली में फूलबासन को उम्मीद नज़र आयी।

कीर्तन के बाद अक्सर सारी औरतें अपनी समस्याएँ एक-दूसरे के साथ साझा कर मन हल्का करती थीं। ये हर हफ़्ते की दिनचर्या थी। जब एक बार फिर से मंडली आपस में बात करने बैठी, तो फूलबासन ने अपने विचार उनके सामने रखे। पहले दिन तो किसी से कोई उत्साहवर्धक प्रतिक्रिया नहीं मिली। लेकिन जब फूलबासन बार-बार अपने मन की बात दोहराने लगीं, तब कुछ महिलाओं ने इस पर गंभीरता से सोचना शुरू किया। ग़रीबी ने कई का हाल बुरा किये रखा था। सभी ग़रीबी से छुटकारा चाह रही थीं। कुछ महिलाओं को लगा कि फूलबासन की बात मान लेने से नुक़सान थोड़े ही है। अगर फूलबासन की बात मान लेने से फ़ायदा हुआ, तो इससे अच्छी बात और क्या होगी। कुछ दिनों बाद गाँव की दस महिलाएँ फूलबासन की बात पर राज़ी हो गयीं। फूलबासन को बिसनी साहू, चंद्रिका यादव, भगवंतिन साहू, कुसुम यादव, अर्चना वैष्णव, रामकली देवांगन, गीता यादव, केजा देवांगन, रधिया यादव औररामकली साहूका साथ मिला। अब फूलबासन अकेली नहीं थीं। उनके साथ और 10 महिलाएँ थीं। इन सब का साथ पाकर फूलबासन को लगा कि अब कोई भी उन्हें ग़रीबी पर जीत हासिल करने से रोक नहीं सकता है।

महिलाओं की नयी मंडली की पहली औपचारिक बैठक में फूलबासन ने एक बार फिर से अपनी योजना साझा की। फूलबासन ने बताया कि अगर हर महिला हफ़्ते में दो मुट्ठी चावल भी बचाती है, तो ग्यारह महिलाएँ मिलकर पूरा एक किलो चावल हर हफ़्ते बचा सकेंगी। ऐसी ही,अगर हर महिला हर हफ़्ते नहीं बचाये, तो हफ़्ते में मंडली के पास बाईस रुपये जमा हो जाएँगे।जमा हुआ अनाज और रुपये

किसी ज़रूरतमंद के काम आएँगे। सभी ने इस योजना को ख़ुशी-ख़ुशी स्वीकार कर लिया। मंडली ने फ़ैसला किया कि इकट्ठा की गयी राशि और चावल को भविष्य के लिए बचाकर रखा जाएगा और जब किसी परिवार को इसकी सख़्त ज़रूरत हो, तो उसे दे दिया जाएगा। मंडली के सभी सदस्यों को लगा कि अब उनके घर में कोई भूखा नहीं रहेगा। अगर परिवार में कोई बीमार भी हुआ, तब उसके इलाज के लिए मंडली में जमा होने वाली राशि मददगार साबित होगी।सबसे अच्छी बात इन महिलाओं को यह लगी कि अब इन्हें किसी के दर पर जाकर गुहार नहीं लगानी पड़ेगी। किसी के सामने हाथ नहीं फैलाने पड़ेंगे।

बहुत सारे लोग महिला सशक्तिकरण और समाजवाद की बात करते हैं, लेकिन फूलबासन ने इन दोनों को बड़े अच्छे तरीक़े से ज़िंदगी में उतारा था। वे सही मायनों में समाजवादी संस्था का उद्धरण प्रस्तुत कर रही थीं, जहाँ सब एक-दूसरे की मदद कर जीवन अच्छा बना सकते हैं। फूलबासन दूरद्रष्टा थीं, उन्होंने केवल इन दसमहिलाओं के बारे में ही नहीं, बल्कि अपने गाँव,पड़ोस के गाँव, पूरे राज्य और पूरे देश की महिलाओं के बारे में सोचा था।

फूलबासन ने संगृहीत किये हुए चावल और धनराशि का नाम 'रामकोठी' रखा। संगृहीत चावल और जमा किये गये रुपये अलग-अलग ज़रूरतमंदों के काम आने लगे। ऐसे ही धीरे-धीरे एक स्वयं सहायता समूह बन गया, जो कि गाँव की हालत सुधारने और परिवर्तन लाने के लिए काम करने लगा।

ग़रीबी के ख़िलाफ़ आवाज़ उठाने पर सुनाई गयी सज़ा

कहते हैं, बदलाव आसान नहीं होता है। समाज में बदलाव तो बिल्कुल भी आसान नहीं होता। समाज में कई ऐसे लोग होते हैं, जो कि बदलाव नहीं चाहते। ये ऐसे लोग हैं, जो बदलाव से डरते हैं। बदलाव आने से इनकी अहमियत कम होती है।ये सत्ता से दूर होते हैं।इनका वर्चस्व समाप्त होता है। लोग इन पर आश्रित नहीं रहते। यही लोग ग़रीबी के पालनहार होते हैं। ये जानते हैं कि अगर ग़रीबी मिट गयी, तो लोग इनकी मनमानी चलने नहीं देंगे। शोषण बंद होगा। अगर लोग शिक्षित होंगे, तो अपने अधिकारों के बारे में जानेंगे। अधिकारों के बारे में जानकार अधिकार माँगेंगे। संघर्ष होगा और इस संघर्ष में अमीरों का नुक़सान होगा। देश में ग़रीबी और निरक्षरता को ख़त्म न होने देने के पीछे इसी मानसिकता वाले लोगों की ताक़त है।

फूलबासन को अंदाज़ा न था कि उनकी पहल की वजह से ढेरों मुश्किलें आएँगी। ग़रीबी की समस्या का समाधान ढूँढ़ते समय वे यह बात भी भूल गयी थीं कि समाज पुरुष-प्रधान है और बिना पुरुषों की रज़ामंदी से महिलाओं के लिए ऐसा समूह चलाना बिल्कुल भी आसान नहीं होगा।

इसी दौरान समाज में और देश के कई हिस्सों में पितृसत्ता के ख़िलाफ़ आवाज़ उठने लगी थी। महिलाएँ पितृसत्ता को नकारने लगी थीं। महिलाएँ मानने लगी थीं कि घर से लेकर बाहर तक वे लगातार काम करती हैं, फिर भी उन्हें समाज में वह स्थान हासिल नहीं, जिसकी वे हक़दार हैं। इसका दूसरा पक्ष यह था कि पितृसत्ता को मानने वालेमहिलाओं के लिए राह और मुश्किल करने में जुटे थे।

पितृसत्ता के ख़िलाफ़ जंग की ख़बरें सुकुलदैहान तक भी पहुँच रही थीं।

इन ख़बरों का असर फूलबासन की पहल पर भी पड़ना शुरू हुआ। गाँव के कई पुरुषों को लगा कि फूलबासन सीधे-सीधे पुरुषों की सत्ता को चुनौती दे रही हैं। कुछ को लगा कि वे महिलाओं को पुरुषों के ख़िलाफ़ उकसा रही हैं। घर में विद्रोह करने के लिए भड़का रही हैं। कई पुरुषों ने फूलबासन की गतिविधियों पर निगरानी रखनी शुरू की।

फूलबासन चाहती थीं कि उनकी मंडली की तरह ही गाँव की दूसरी महिलाओं भी एकजुट हों और एक-दूसरे की मदद करें।महिलाओं को अपनी योजना और अपने विचारों के बारे में विस्तार से बताने के लिए फूलबासन एक-एककर ग़रीब महिलाओं के घर जाने लगीं। वे महिलाओं से बातें करतीं और योजना के बारे में विस्तार से बतातीं। उन्हें समझाने की कोशिश करतीं।

एक दिन अगड़ी जाति के कुछ लोगों को फूलबासन की योजना के बारे में पता चल गया और ये ख़बर आग की तरह पूरे गाँव में फ़ैल गयी। अभिजात वर्ग के कुछ पुरूषों ने फूलबासन की शिकायत पंचायत में कर दी और ये तर्क रखा कि फूलबासन सारी औरतों को बहका रही हैं। चूँकि पंचायत भी पितृसत्ता से ग्रसित थी, इसलिए उसने शिकायत को गंभीरता से लिया और एक सभा बुलवायी गयी।

एक महीने में लगभग पंचायत की तीन सभाएँ फूलबासन के ख़िलाफ़ बैठ चुकी थीं। सरपंच, पटेल और कुछ वरिष्ठ पुरुष विचार करने बैठे थे। वे फूलबासन की योजना को पुरुष-विरोधी मानने लगे और इस आरोप को सही ठहरा दिया कि फूलबासन महिलाओं को भड़का रही हैं। पंचायत को लगा कि औरतों को अपने घर में परदे में ही रहना चाहिए। महिलाओं को अपनी सीमा नहीं लाँघनी चाहिए। पंचायत ने माना कि फूलबासन महिलाओं की पर्दादारी की इसी सोच के विरूद्ध काम कर रही हैं और औरतों को विद्रोह के लिए उकसा रही हैं। उन्हें यह भी लगा कि फूलबासन ग़रीबों को एकजुट कर रही हैं और उनमें अमीरों के ख़िलाफ़ लड़ने की ताक़त फूँकने की कोशिश कर रही हैं।

हक़ीक़त तो यह थी कि फूलबासन के क़दम उच्चवर्गीय लोगों, ठाकुरों, साहूकारों को अपने वर्चस्व के ख़िलाफ़ उठते क़दम दिख रहे थे। फूलबासन की योजना औरतों को इस पुरुष-प्रधान समाज की बेड़ियों से आज़ाद करने के लिए काफ़ी थीं। इस योजना के लागू होने से पुरूषों के प्रभुत्व का पहिया रुक सकता था। इन्हीं सब डर की वजह से फूलबासन और उनकी मंडली को पंचायत ने सज़ा सुना

दी। पूरे समूह की महिलाओं का गाँव में हुक्का-पानी बंद कर दिया। उन सभी को गाँव से अलग-थलग कर दिया और गाँव के किसी भी कुएँ से पानी लेने पर पाबंदी लगा दी। दुकानदारों ने मंडली के सदस्यों को सामान देने से मना कर दिया।

यह सज़ा एक तरह से संपूर्ण बहिष्कार था। कोई भी उनसे सीधे मुँह बात करने को तैयार नहीं था। सब उन्हें नज़रअंदाज़ करने और टालने लग गये। मंडली की सारी महिलाओं का हाल बुरा था। अपने काम के प्रति दृढ़ निश्चय के कारण उन्हें शारीरिक और मानसिक प्रताड़नाएँ झेलनी पड़ रही थीं।

फूलबासन और उनकी साथियों को लगातार धमकियाँ दी जाने लगीं। उन्हें परेशान किया गया, बेइज़्ज़ती की गयी, सरेआम मज़ाक उड़ाया गया।

गाँव के पुरुषों का व्यवहार मानो ऐसा था कि वे फूलबासन की जान के पीछे पड़ गये हैं।पंचायत के साथ-साथ गाँव के कई पुरुष फूलबासन के ख़िलाफ़ खड़ा हो गये थे। फूलबासन जब भी महिलाओं के पास जाने की कोशिश करतीं, गाँववाले उनका रास्ता रोक लेते। जहाँ भी वे जातीं, कुछ लोग उन्हें गालियाँ देते, भला-बुरा कहते। बहुत-सी जगह तो प्रवेश निषेध कर दिया गया था। कई पुरुषों को लगता था कि सज़ा सुनायी जाने के बाद भी फूलबासन गाँव की दूसरी औरतें पर प्रभाव डाल रही हैं। परिस्तिथियाँ तब और बिगड़ गयीं, जब गाँववालों ने फूलबासन को गाँव से बाहर निकालने का फ़ैसला किया।

मानसिक यातनाओं के बावजूद उन्होंने धैर्य बनाये रखा और अपनी मंडली को भी शांति और संयम के साथ उद्देश्य-प्राप्ति के लिए आगे बढ़ते रहने को कहा।

फूलबासन को समझ आ गया था कि उनकी लड़ाई केवल ग़रीबी से नहीं थी, बल्कि समाज और परिवारों से भी है। जब भी कोई महिला फूलबासन की मंडली से जुड़ना चाहती, उसका परिवार उसे रोक देता। इन औरतों को अपनी सास, अपने पति से ही नहीं, बल्कि अपने पड़ोसियों की भी खरी-खोटी सुननी पड़ती। बहुत-सी महिलाएँ तो समाज के डर से बाहर ही नहीं निकलती थीं। उन्हें परिवार द्वारा त्याग दिये जाने का डर सताने लगा था। महिलाएँ अपने परिवार और पति पर निर्भर थीं, इसलिए उनके विरुद्ध कोई भी क़दम नहीं उठाना चाहती थीं। हालाँकि कुछ बहादुर महिलाएँ अपने समाज और परिवेश के विरुद्ध जाकर इस मंडली में शामिल हुईं।

सामाजिक बहिष्कार ने बढ़ाया मनोबल

फूलबासन की जगह अगर कोई और होता, तो शायद वह टूट जाता, मानसिक और शारीरिक रूप से। बहुत सारी पाबंदियाँ थीं। सगे-संबंधी भी अब टेढ़ी नज़र से देखने लगे थे। फूलबासन ने ग़रीबी की मार बहुत खायी थी। इस मार ने ही शायद उन्हें इतना मज़बूत बना दिया था कि वे सामाजिक बहिष्कार के बावजूद नहीं घबरायीं। अपना धैर्य नहीं खोया।फूलबासन हार मानने वाली नहीं थीं। उन्हें लगा कि कई पुरुष जब इस कदर उनका विरोध कर रहे हैं, तो ज़रूर वे घबराये हुए हैं। फूलबासन के मन में यह बात पक्की हो गयी कि उनकी पहल ग़रीबी के ख़िलाफ़ है, ग़रीब लोगों की भलाई के लिए है, समाज से निरक्षरता दूर करने के लिए है।ऐसे में किसी को भी उनका विरोध करने का अधिकार नहीं है। फूलबासन को लगा कि वे न किसी का कुछ छीन रही हैं और न ही किसी से कुछ माँग रही हैं, फिर ऐसे में क्यों लोग उनका विरोध कर रहे हैं। फूलबासन ने संकल्प कर लिया कि वे अपना आंदोलन नहीं रोकेंगी। बड़ी बात तो यह रही कि फूलबासन की मंडली की दूसरी महिलाओं ने भी धैर्य नहीं खोया, बल्कि उनका मनोबल भी बढ़ा। इन्हें भी लगा कि जब वे कोई ग़लत काम नहीं कर रही हैं और अपनी ख़ुद की ज़िंदगी सँवारने की कोशिश कर रही हैं, तब रोकने वाले वे कौन होते हैं।

बहिष्कार और पाबंदियों के बावजूद मंडली की बैठक हुई। बैठक में फ़ैसला लिया गया कि कुछ ऐसा काम किया जाए, जिससे गाँववालों का विचार बदले। मंडली के प्रति उनकी सोच बदले। बैठक के दौरान फूलबासन के मन में एक नया विचार आया। विचार था गाँव में फैली गंदगी को दूर करना। फूलबासन को लगा कि गाँव में चारों तरफ़ फैली गंदगी को दूर करते हुए मंडली की महिलाएँ लोगों

के मन में व्याप्त गंदगी को दूर कर सकती हैं। फूलबासन ने मंडली के सामने जब यह विचार रखा, तो सभी फ़ौरन साफ़-सफ़ाई अभियान शुरू करने की माँग करने लगीं।

फिर क्या था, मंडली की सभी सदस्यों ने झाड़ू उठाया और गाँव में साफ़-सफ़ाई करने लगीं। जब गाँव के लोगों ने देखा, तो उन्हें बहुत आश्चर्य हुआ। कुछ पुरुषों के मन में तो आया कि इन महिलाओं को रोका जाए, लेकिन उन्हें डर लगा कि कहीं उन पर ही झाड़ू न चल जाए। सभी महिलाएँ अच्छा काम कर रही थीं, इसी वजह से किसी को रोकने की हिम्मत न हुई। कुछ ही घंटों में इन ग्यारह साहसी और मेहनती महिलाओं ने नालों को साफ़ किया। रास्ते साफ़ किये। गलियाँ साफ़ कीं। जो बात सभी को अच्छी लगी, वह थी स्कूल की साफ़-सफ़ाई। इन ग्यारह महिलाओं ने मिलकर स्कूल को चमका दिया था। धूल-मिट्टी, मकड़ी के जालों से भरा स्कूल अब चमक रहा था। अगले दिन जब बच्चे और टीचर स्कूल पहुँचे, तब सभी स्कूल की चमक देखकर बहुत ख़ुश हुए। सभी के मन से इन ग्यारह महिलाओं ने लिए दुआएँ निकल रही थीं।

अगले दिन भी फूलबासन और उनकी साहसी सहेलियों ने मिलकर सफ़ाई का काम जारी रखा। इस बार पीने के पानी पर ध्यान दिया गया। कुओं और तालाबों के पास गंदगी दूर की गयी।

कुछ ही दिनों में गाँव की सूरत बदल गयी। गाँव साफ़-सुथरा हो गया। फूलबासन और उनकी सहेलियाँ सिर्फ़ गाँव की गंदगी ही नहीं, बल्कि लोगों के मन के मैल को दूर करने में भी कामयाब रही थीं।

जब मंडली के सदस्यों को लगा कि अब अच्छे काम करने पर कोई विरोध नहीं करेगा, तब उन्होंने स्कूल में ग़रीब बच्चों के लिए भोजन का भी प्रबंध करना शुरू किया।

मंडली की किसी भी महिला को जब यह ख़बर मिलती कि गाँव के किसी घर में कोई महिला परेशान है, तो वे सभी मिलकर उसकी मदद के लिए पहुँच जाते।

जब पता चलता कि कोई महिला या बच्चा बीमार है और परिवार इलाज कराने में असमर्थ है, तो मंडली के सदस्य डॉक्टर को लेकर ग़रीब मरीज के घर पहुँच जाते और उसका इलाज करवाते।इस तरह मंडली गाँववालों का विश्वास जीतने में कामयाब हुई।

लोगों की भलाई में मंडली के सदस्य दिन-रात एक करने लगे। 'रामकोठी' की वजह से कई घर-परिवारों में भूख का नामोनिशान मिट गया। संपन्नता नहीं आयी, लेकिन भुखमरी, कुपोषण जैसी बातें दूर हो गयी थीं।

जब फहराया तिरंगा, महिलाओं का सर हुआ गर्व से ऊँचा

फूलबासन और मंडली के सदस्यों की मेहनत रंग जमाने लगी थी। इसी दौरान 15 अगस्त का दिन आया। गाँव में कई लोग ऐसे भी थे, तो इस दिन की महत्ता के बारे में नहीं जानते थे। निरक्षरता और ग़रीबी से निरंतर संघर्ष ने कइयों को विकास से बहुत दूर रखा था।

सभी लोग इतना ज़रूर जानते थे कि पंद्रह अगस्त को छुट्टी होती है। कहीं कोई काम नहीं होता है। पंचायत के दफ़्तर में झंडा फहराया जाता है। बच्चों में मिठाइयां बाँटी जाती है।

इस साल पंद्रह अगस्त कैसे मनाया जाए, इस पर चर्चा करने के लिए गाँव की पंचायत बैठी। बैठक में गाँव के कई लोग मौजूद थे। शिक्षक भी थे और कुछ और पढ़े-लिखे लोग भी। बैठक के शुरू होते ही फूलबासन और उनकी मंडली के काम की चर्चा हुई। सरपंच ने सबसे सामने माना कि गाँव में फूलबासन के साथ नाइंसाफ़ी हुई है। दूसरे लोगों ने भी कहा कि फूलबासन ने गाँव की तस्वीर बदल दी है। गाँव में गंदगी की वजह से बीमारियाँ फैल रही थीं। फूलबासन की वजह से अब हर तरफ़ साफ़-सफ़ाई है। कइयों ने खुलकर फूलबासन की तारीफ़ की। कुछ लोग ऐसे भी थे, जो अब भी फूलबासन को सही मानने को तैयार नहीं थे। चूँकि बहुमत फूलबासन के पक्ष में था, ये लोग चुप थे।

बैठक में इस बात पर भी चर्चा हुई कि फूलबासन के मामले में हुई ग़लती को कैसे सुधारा जाए। एक ने सलाह दी कि 15 अगस्त के मौक़े पर फूलबासन और उनकी मंडली का सम्मान किया जाना चाहिए। सरपंच को यह बात पसंद आ

गयी। सरपंच ने ऐलान कर दिया कि इस बार गाँव में होने वाले स्वतंत्रता-दिवस समारोह में तिरंगा फूलबासन फराएँगी। ऐसा करते हुए गाँववाले अपनी ग़लती का प्रायश्चित भी कर पाएँगे।

फूलबासन तक ख़बर पहुँचायी गयी। फूलबासन ने मंडली की सदस्यों से राय-मशविरा किया बिना कोई फ़ैसला लेना उचित न समझा। सभी सदस्यों ने कहा कि झंडा फहराने का न्योता एक मायने में जीत है। जीत मेहनत की, जीत नेक इरादों की, जीत उस पहल की, जिसने ग़रीबी को ख़त्म करने की कोशिश शुरू की।

पंचायत भवन पर लोगों की भीड़ जमा थी। कई गाँववाले मौजूद थे। फूलबासन अपनी सहेलियों के साथ पहुँचीं। सरपंच ने फूलबासन से झंडा फहराने को कहा। फूलबासन आगे बढ़ीं और झंडा फहराया। वहाँ मौजूद हर महिला का सर गर्व से ऊँचा हो गया। ग्यारह महिलाओं का हौंसला और भी बुलंद हो गया। सपने बड़े हो गये। लक्ष्य बड़ा हो गया। ज़िम्मेदारी भी बड़ी हो गयी।

जब समस्या की जड़ का पता चला

पंद्रह अगस्त के इस समारोह के बाद फूलबासन पर एक धुन सवार हो गयी।वे ज़्यादा से ज़्यादा महिलाओं को 'रामकोठी' योजना से जोड़ने की कोशिश में जुट गयीं। गाँव की महिलाओं से मिलकर, उनसे उनकी समस्याओं के बारे में बातचीत करते हुए फूलबासन को ग़रीब महिलाओं और ग़रीब परिवारों की एक बड़ी समस्या का आभास हुआ। गाँव में कई दंपति ऐसे थे, जो दिन-रात मेहनत करते थे, दूसरों के यहाँ मज़दूरी करते थे, फिर भी इनके यहाँ कई दिनों तक चूल्हा नहीं जलता था। फूलबासन ने पता लगाने की कोशिश की किआख़िरकार कड़ी मेहनत का फल ग़रीबों को क्यों नहीं मिलता? क्या कारण हैं कि लगातार काम करते रहने के बावजूद स्थिति जस की तस ही रहती, या फिर हालत बद से बदतर होती जाती?

फूलबासन को अहसास हुआ कि गाँव की 'मौद्रिक प्रणाली' वास्तविक समस्या थी। वे 'मौद्रिक प्रणाली'नाम से अपरिचित थीं, लेकिन जान गयी थीं कि यह एक बड़ी समस्या है।गाँव में पैसा के विनिमय के बदले बार्टर-सिस्टम का ज़्यादा उपयोग होता है। फूलबासन और उनके पति पशुओं को चारा खिलाने ले जाते थे। एक ज़मीदार के यहाँ जानवरों को एक साल तक चारा खिलाने और चराने ले जाने पर उन्हें आठ किलो चावल मिलता था। इतना अनाज छह लोगों के परिवार के लिए बहुत कम था। धनवान लोग अपनी गाय-भैंसों को दूध निकालने के लिए फूलबासन जैसे लोगों को नौकरी पर रखते थे। दूध बेचने की ज़िम्मेदारी भी नौकर पर ही होती। सौ लीटर दूध निकालकर बेचने पर एक लीटर दूध मिलता था। इतनी ज़्यादा मेहनत करने के बाद इतना कम दूध मिलना, एक मायने में शोषण

ही था। ग़रीब लोग करते भी क्या? नहीं करते, तो भूखे मर जाते। इसी मजबूरी का फ़ायदा उठते थे कुछ लोग।

गाँव में हर कोई फूलबासन की तरह यादव नहीं थे। हर तरह के लोग गाँव में थे। नाई, धोबी, मछुआरे, बढ़ई, मोची, दर्ज़ी, बुनकर, कसाई, सभी तरह के लोग थे। उन दिनों बड़े गाँवों में हर तरह के होते थे। हर पेशे से जुड़े लोग होते थे। लेकिन गाँव भी अमीर और ग़रीब मे बंटे हुए थे। हर गाँव में ज़्यादातर ग़रीब थे। अमीर लोग कम थे, लेकिन ये सभी पिछड़ीजातियों के इन लोगों की मजबूरी का ग़लत फ़ायदा उठते थे। मेहनत बहुत ज़यादा करवाते थे, मेहनताना बहुत कम देते थे। साहूकारों का तो मानों ग़रीबों के ख़ून से ही पेट भरता था।

हर ग़रीब शोषण का शिकार था। निरक्षरता और अज्ञानता लोगों को ग़रीबी के अंधकार से बाहर उन्नति की रोशनी में निकलने नहीं दे रही थी।

फूलबासन को अपने बचपन की बातें भी याद आयीं। छुरिया में फूलबासन को जंगल में जानवार चराने पर तीन रुपये हर दिन मिला करते थे। लेकिन समय के साथ यह रक़म कम होती गयी।

फूलबासन पशुओं का दूध बेचतीं और इकट्ठा हुई कमाई पशुओं के मालिकों को सौंप देतीं। तीन दिन लगातार कमाई देने के बाद चौथे दिन फूलबासन को काम के बदले दूध मिल जाता। पर ये कमाई लगभग न के बराबर थी। अगर एक गाय एक दिन में सात लीटर दूध देती है और एक मालिक के पास सात गायेंहैं, तो एक दिन में कुल 49 लीटर दूध होता और तीन दिन में फूलबासन को 147 लीटर दूध बेचना पड़ता। बदले में चाथे दिन उन्हें सिर्फ़ सात लीटर दूध मिलता, यानी हिस्सा सब मिलाकर पाँच फीसदी से भी कम पड़ता।

गाँव के बड़े और अमीर लोगों ने ग़रीबों का मेहनताना तय किया था और मजदूर चाह कर भी इनमें कोई बदलाव नहीं कर सकते थे। अमीर लोगों ने जान-बूझकर ये सुनिश्चित कर रखा था कि ग़रीबों को उनकी रोज़मर्रा की ज़रूरतों के लिए भी तरसना पड़े। अगर ऐसा न हुआ, तो वे लोग इतनी कम रक़म में काम करना बंद कर देंगे, यानी ग़रीबों की हालत कभी भी ऐसी नहीं होनी चाहिए कि उनके पास ज़रूरत से ज़्यादा चीज़ें हों। वरना वे कम पैसे में काम करना बंद कर देंगे।

फूलबासन को लगा कि सामाजिक-व्यवस्था में परिवर्तन लाये बग़ैर ग़रीबों को आर्थिक तौर पर मजबूत नहीं किया जा सकता है।

मन ही मन फूलबासन ने फ़ैसला कर लिया कि ग़रीबी दूर करने के लिए उन्हें समस्या को जड़ से काटना होगा और इसके लिए वे अपना जीवन समर्पित कर देंगीं।

कुछ मक्कारों ने कान क्या भरे, पति ने घर का दरवाज़ा नहीं खोला

ग़रीबी के ख़िलाफ़ लड़ाई में फूलबासन की राह आसान नहीं थी। अपनी मंडली के सदस्यों को इकट्ठा रखना भी चुनौती थी। उनके पास साहस और दृढ़ निश्चय तो था, लेकिन सहारा नहीं। फूलबासन को हर दिन घंटो काम करना पड़ता था। वे घरों में जाकर महिलाओं को अपनी योजना के बारे में बतातीं और उन्हें ग़रीबी से मुक्ति पाने के लिए इसी तरह संगठन बनाने का आग्रह करतीं। वे हर दिन पहले गाय-भैंसों को चारा खिलातीं, गोबर बटोरतीं, कंडे बनातीं, फिर काम पर निकलतीं। अपनी सेहत और हालत की परवाह किये बिना फूलबासन बिना खाये-पिये घंटो महिलाओं से बातें करतीं और समझातीं। इसकी वजह से वे घर देर से पहुँचा करतीं।

यह देरी उनके पति को गंवारा न होती। उनके पति हर रात घर देरी से आने की वजह से नाख़ुश रहने लगे। उन्हें डाँटते और ये सब काम करने से रोकते। फूलबासन को भी अहसास था कि उनके सामाजिक कार्यों की वजह से उनके घर-गृहस्थी के काम में बाधा आ रही है, लेकिन वे इस कारण रुक भी तो नहीं सकती थीं। उन्हें तो बस चलते जाना था। उन्हें मालूम था कि उनका उद्देश्य बहुत बड़ा है, इसलिए अभी रूक जाएगीं, तो गड़बड़ हो जाएगी। वे जानती थीं कि जब मंज़िल दिख रही हो, तो मजबूत इरादों वाले बीच रास्ते से वापस नहीं लौटते।

फूलबासन की मुहिम से गाँव के जो साहूकार और दूसरे लोग परेशान थे, उन्हें चंदुलाल की नाख़ुशी में एक मौक़ा नज़र आया। ग़रीबों का शोषण करने वाले इन लोगों को लगा कि चंदुलाल को पत्नी के ख़िलाफ़ उकसाया जा सकता है।

अब इन अमीर लोगों ने ऐसे लोग चुने, जिनके साथ चंदुलाल का उठना-बैठना था और चंदुलाल इन पर विश्वास करते थे। साहूकारों ने इन लोगों को फूलबासन के ख़िलाफ़ चंदुलाल के कान भरने करने को कहा। सिर्फ़ कान भरने के लिए इन लोगों को रुपये दिये गये। साहूकार के इशारों पर काम करते हुए इन लोगों के फूलबासन के ख़िलाफ़ कई सारी बातें कहीं। कुछ ने यहाँ तक कहा कि चंदुलाल के पास अपनी पत्नी पर नियंत्रण रखने की ताक़त नहीं है। चंदुलाल बीवी का ग़ुलाम हैं। इस तरह की कई बातें कही गयीं।

साहूकारों का षडयंत्र असर दिखाने लगा। चंदुलाल फूलबासन से नाराज़ रहने लगे। हर छोटी-बड़ी बात पर वे फूलबासन को डाँटने-फटकारने लगे।

फूलबासन अपने पति में आये इस परिवर्तन को देख रही थीं, लेकिन उन्हें इस बदले बर्ताव का कारण समझ में नहीं आ रहा था। एक पत्नी के नाते, एक माँ के नाते, वे अपनी सभी ज़िम्मेदारियों का निर्वहण कर रही थीं। लेकिन दिन-ब-दिन चंदुलाल का बर्ताव बुरा होता जा रहा था।

एक दिन की बात है। महिलाओं से मिलने के चलते फूलबासन को घर पहुँचने में काफ़ी देरी हो गयी। घर पहुँचकर उन्होंने दरवाज़ा खटखटाया तो किसी ने नहीं खोला। उन्होंने दरवाज़े पर और तेज़ी से मारा और चिल्लाने लगीं। आख़िरकार पति ने जवाब दिया, लेकिन दरवाज़ा खोलने से मना कर दिया। पति ने फूलबासन को ताना मरते हुए भला-बुरा कहना शुरू कर दिया। पति ने कहा कि चूँकि वे अपनी दिनचर्या में इतनी व्यस्त थीं कि उन्हें समय का अंदाज़ा ही नहीं रहता, इसी वजह से बेहतर यही होगा की वे घर के बाहर ही रहें।

बेचारी फूलबासन सुबह से भूखी थीं। उन्होंने अपने पति को इस काम के बारे में बहुत समझाने की कोशिश की, लेकिन उनके पति के कान पर जू तक नहीं रेंगा, बल्कि फूसबासन की इन बातों में उनके पति को कोई दिलचस्पी ही नहीं थीं। वे सोने चले गये, पर दरवाज़ा नहीं खोला।

दूसरे दिन, फूलबासन को लगा उनके पति का ग़ुस्सा शांत हो गया होगा। वे फिर से घर आयीं। फूलबासन को अंदाज़ा था कि अब उन्हें घर के अंदर आने दिया जाएगा। लेकिन उनके पति ने सारी हदें पार कर दीं और उन्हें पंद्रह दिनों तक घर में घुसने नहीं दिया। इन पंद्रह दिनों में फूलबासन ने मुश्किल ही से कुछ खाया था। उन्होंने अपनी पति को बहुत समझाने की कोशिश की, लेकिन वे अपने फ़ैसले पर अड़े रहे। पंद्रह दिनों तक फूलबासन अपने दरवाज़े के ठीक सामने सोतीं

और बस इस बात का इंतज़ार करतीं कि कब उन्हें घर के अंदर प्रवेश मिलेगा। आख़िरकार उनके पति ने उन्हें अंदर आने दिया, लेकिन साथ ही फूलबासन से साफ़ कह दिया कि उनके इन कामों में वे और उनके बच्चे बिल्कुल साथ नहीं देंगे। मतलब, काम करना है तो अकेले करें, परिवार साथ नहीं देगा। सबकुछ चुपचाप सुनने के अलावा फूलबासन के पास कोई और चारा न था। उनकी समझ में आ गया था कि जब तक उनका काम सफल होकर कोई परिणाम सामने न रखे, तब तक कोई भी उन्हें नहीं समझने वाला। मुश्किलें अब गाँव, बुज़ुर्गों तक ही सीमित न रहकर परिवार तक आ गयीथीं।

कहते हैं, कोई भी शख़्स दुनिया से लड़ने की ताक़त रखता है, जब उसका परिवार साथ हो। पर फूलबासन की दिक़्क़तें अब और बढ़ गयी थीं, क्योंकि उनका ख़ुद का परिवार उनके ख़िलाफ़ खड़ा हो गया था।

बहुत बार फूलबासन को बहुत बुरा व्यवहार झेलना पड़ता। कभी-कभी उनके पति देर से घर आने पर मारते-पीटते भी थे। हालाँकि जब-जब वे शारीरिक शोषण से गुजरतीं, महिलाओं को आगे बढ़ने और अपने पैरों पर खड़ा होने का उनका निश्चय और दृढ़ होता जाता।

पति के हर दिन गुस्से से तिलमिला कर लाल-पीला होने का असली कारण फूलबासन कई दिनों तक नहीं जान पायी थीं।

माँ बम्लेश्वरी का आशीर्वाद लेकर बनाया स्वयं सहायता समूह

ग़रीबी को ख़त्म करने के लिए मन में आते विचारों पर काम करते-करते फूलबासन के दिमाग़ में एक ख़ाका तैयार हो गया था। ऐसा ख़ाका कि आख़िरकार एक महीने में कितना किलोग्राम चावल इकट्ठा किया जा सकता है और कितने रुपये जमा किये जा सकते हैं। साथ ही अगर यह सालभर के हिसाब से देखा जाए, तब क्या स्थिति बनती है। सालभर में कितना चावल और कितने रुपये जमा हो सकते हैं। अब बस उन्हें अपनी मंडली और दूसरी महिलाओं में बचत की आदत डालनी थी। इसी दौरान जमा-पूँजी के रख-रखाब की तरकीब भी निकाल ली गयी। फूलबासन ने हिसाब लगा लिया था कि हर हफ़्ते महिलाओं के पास चालीस से पचास रुपये सब्ज़ियाँ ख़रीदने के लिए बच जाएँगे, बशर्ते अपने ख़र्चे से सब दो रुपये हर हफ़्ते अलग से रखने लगें। इसी तरह हर औरत को चावल बनाते वक़्त दोमुट्ठी चावल अलग रखने का निर्देश दिया। फूलबासन ने उन सब को याद दिलाया कैसे एक माँ का दिल दुखता है, जब वह अपने बच्चों को खाना नहीं खिला पाती या समय पर दवाइयाँ उपलब्ध नहीं करा पाती है।

असल में फूलबासन के विचार कुछ हद तक 'स्वयं सहायता समूह' की तरह ही थे। स्वयं सहायता समूह या सेल्फ हेल्प ग्रुपदस से बीस महिलाओं द्वारा आर्थिक रूप से चलायी जाने वाली परस्पर समिति होती है। ऐसा समूह, आमतौर पर दैनिक मजदूरी कर रहे या बेरोज़गार लोगों द्वारा बनाया जाता है। इसके हर सदस्य हर महीने कुछ निर्धारित रक़म जमाकर सामूहिक सहयोग करते हैं। धीरे-धीरे ये छोटी रक़म बड़ी बनकर किसी न किसी के उपयोग में आ जाती है। इस

समूह में एक आदमी सारे सदस्यों से रुपये जमाकर किसी ज़रूरतमंद सदस्य या ग़ैर सदस्य को दे देता है।

अस्सी के दशक में राष्ट्रीय कृषि और ग्रामीण विकास बैंक ने भारत में स्वयं सहायत ग्रुप की अवधारणा को बढ़ावा देना शुरू किया। इतिहास की किताबें बताती हैं कि सत्तर के दशक में समाज-सेवी इला भट्ट ने सेल्फ-एम्पलॉयड वीमन असोसिएशन (सेवा) नाम की एक संस्था बनायी और स्वरोज़गार महिलाओं को संगठित करते हुए उनकी आर्थिक रूप से मदद करवायी। आगे चलकर संस्था की महिलाओं ने अपना ख़ुद का बैंक भी बनाया। एक-दूसरे की मदद करते हुए महिलाओं ने ग़रीबी को दूर किया और आत्म-निर्भर बनीं। 'सेवा' की शुरुआत गुजरात में हुई थी, लेकिन यह प्रयोग देशभर में किया गया और 'सेवा' की कई शाखाएँ देशभर में खुलीं। दुनिया में कई देशों ने भी इला बेन के मॉडल को अपनाया और ग़रीबी दूर करने में कामयाबी हासिल की।

सत्तर के ही दशक में बांग्लादेश के बुद्धिजीवी और अर्थशास्त्रीमोहम्मद युनुस ने बांग्लादेश ग्रामीण विकास बैंक की स्थापना की और इसी के ज़रिये ग़रीबी मिटाने के लिए स्वयं सहायत ग्रुप की परिकल्पना भी।मोहम्मद युनुस ने अपने बैंक के ज़रिये स्वयं सहायता समूहों को ऋण दिया। इसे ऋण की वजह से ग्रामीण महिलाओं ने रोज़गार के अवसर जुटाये और अपनी बेरोज़गारी और ग़रीबी के समस्या को दूर किया। गहराई से अध्ययन करने के बाद कई देशों ने बांग्लादेश के इस मॉडल का अपने यहाँ अपनाना शुरू किया।

बीसवीं सदी के अंत में, यानी 90 के दशक में भारत सरकार ने स्वयं सहायता समूहों को बड़े पैमाने पर प्रोत्साहित करना शुरू किया था।

फूलबासन देश और दुनिया में हो रहे इन परिवर्तनों से अनजान थीं। ग़रीबी से उनकी अपनी लड़ाई थी। उनकी मदद करने वाला कोई नहीं था। सरकार के किसी नुमाइंदे को वे जानती नहीं थीं। बैंक के बारे में उन्हें कुछ पता नहीं था। गाँवों में रहने वाले अमीर लोगों, ज़मीदारों ने ऐसा प्रपंच रचा था कि ग़रीब ग़रीबी के दलदल से बाहर ही नहीं निकल पाता था।

फूलबासन ग़रीबी से इतना परेशान हो गयी थीं कि उन्होंने इसे दूर भगाने के उपाय ख़ुद ही ढूँढने शुरू किये थे। फूलबासन जान गयी थीं कि अगर ग़रीबी को दूर नहीं किया गया,तो वह उनके बच्चों की जान ले लेगी।

फूलबासन यह भी जान गयी थीं कि उनकी आने वाली पीढ़ी भी ग़रीबी के शिकंजे में जकड़ी जाएगी। ग़रीबी से नहीं लड़ा गया तो वह आने वाली पीढ़ियों को भी परेशान करेगी।

फूलबासन ने ग़रीबी के ख़िलाफ़ लड़ाई अकेले शुरू की। ग़रीबी के चक्र को तोड़ने के लिए सबसे पहले उन्होंने कमर कसी थी।

गालियाँ सुनीं, ताने सुने। मज़ाक उड़ाया गया। परिवार तोड़ने के कोशिश की गयी। गाँव से बहिष्कार करने का फ़रमान सुनाया गया।

लेकिन फूलबासन किसी से डरी नहीं। अदम्य साहस का परिचय दिया। वह किया, जिसके बारे में सोचकर ही महिलाएँ डर जाती हैं।

फूलबासन ने अर्थ-शास्त्र की किताब नहीं पढ़ी थी। समाजवाद के बारे में नहीं सुना था। लेकिन उन्होंने गाँव में एक सामाजिक और आर्थिक क्रांति की शुरुआत कर दी थी।

इक्कीसवीं सदी की शुरुआत में मध्यप्रदेश में स्वयं सहायता समूहों को सरकार ने बढ़ावा देना शुरू किया था। 1 नवंबर, 2000 को मध्यप्रदेश से कटकर नया राज्य 'छत्तीसगढ़' बना। नये राज्य की नयी सरकार ने भी स्वयं सहायता समूहों के ज़रिये ग़रीबी दूर करने के प्रयासों को आगे बढ़ाना का काम किया। स्वयं सहायता समूह की बात जब फूलबासन और उनकी मंडली तक पहुँची, तब सभी ने अपना ख़ुद का आधिकारिक स्वयं सहायता समूह बनाने का फ़ैसला लिया। जब स्वयं सहायता समूह के नामकरण की बात आयी, तब सभी ने एक स्वर में कहा माँ बम्लेश्वरी। साल 2001 में फूलबासन और उनकी ग्यारह साथियों के समूह का नाम पड़ा माँ बम्लेश्वरी स्वयं सहायता समूह, सुकुलदैहान।

माँ बम्लेश्वरी शक्ति का प्रतीक हैं।माँ बम्लेश्वरी का मंदिर आस्था और विश्वास का बड़ा केंद्र है।छत्तीसगढ़ राज्य के राजनांदगाँव ज़िले के डोंगरगढ़ में स्थित माँ बम्लेश्वरी मंदिर का इतिहास बहुत पुराना है। मंदिर में हर दिन भक्तों का तांता लगा रहता है। माता का आशीर्वाद लेने के लिए लोग दूर-दूर से यहाँ आते हैं।दोनों नवरात्रों, यानी चैत्र और शारदीय नवरात्रों में, यहाँ भक्तों की सबसे ज़्यादा भीड़ होती है। छत्तीसगढ़ राज्य की सबसे ऊँची चोटी पर बना है माँ बम्लेश्वरी का यह मंदिर। ज़मीन से क़रीब दो हज़ार फीट की ऊँचाई पर बने इस मंदिर में विराजती हैं माता बम्लेश्वरी। लोगों की मान्यता है कि यह मंदिर

शक्तिपीठ है और यहाँ शक्ति का वास है। इस ऐतिहासिक मंदिर को लेकर कई किंवदंतियाँ प्रचलित हैं। सबसे लोकप्रिय किंवदंती कामकंदला और माधवानल की प्रेम कहानी से जुड़ी है। स्थानीय लोगों के अनुसार, क़रीब ढाई हज़ार साल पहले कामाख्या नगरी में राजा वीरसेन का शासन था। वे एक वीरपुरुष थे और बहुत दयालु भी। बड़े भक्त थे और नियमित रूप से धार्मिक अनुष्ठान करवाते रहते थे। राजा वीरसेन की कोई संतान न थी। संतान न होने की वजह से वे उदास रहने लगे थे। धर्म-गुरुओं की सलाह पर राजा ने संतान की कामना के लिए माँ दुर्गा और भगवान शिव की उपासना करनी शुरू की। इसी उपासना के फलस्वरूप उन्हें संतान की प्राप्ति हुई। राजा-रानी को लड़का हुआ।वीरसेन ने बेटे का नाम मदनसेन रखा।माँ भगवती और भगवान शिव के प्रति आभार व्यक्त करने के लिए राजा ने अपने राज्य की से ऊँची पहाड़ी पर माँ दुर्गा का मंदिर बनवाया। वीरसेन के बाद में मदनसेन राजा बने। मदनसेन की मृत्यु के बाद उनके बेटे कामसेन राजा बने। कामसेन उज्जैन के राजा विक्रमादित्य के समकालीन थे।

कामसेन को कलाओं के प्रति अगाध प्रेम था। वे कलाकारों का बहुत सम्मान करते थे। उनके शासन में सभी कलाओं और कलाकारों को काफ़ी प्रोत्साहन मिला। राजा कामसेन के राजदरबार में कामकंदला नाम की राजनर्तकी थीं। राजा के दरबार में माधवानल नाम के उच्च कोटि के संगीतकार भी थे।

एक दिन की बात है। राजदरबार में दोनों ने एक साथ अपनी कलाओं का प्रदर्शन किया। नृत्य-संगीत से राजा कामसेन को बहुत आनंद मिला। राजा ने प्रसन्न होकर अपने गले से हार निकाला और माधवानल को दे दिया। माधवनल ने यह हार कामकंदला को यह कहते हुए सौंप दिया कि पुरस्कार की असली हक़दार वे ही हैं। इस बात पर राजा को बहुत गुस्सा आया। उन्हें लगा कि कामकंदला को हार सौंपकर माधवानल ने उनका अपमान किया है।

कुछ समय पहले आनंद के सागर में डुबकियाँ लगा रहे राजा अब क्रोध की अग्नि में जल रहे थे। गुस्से में राजा ने माधवानल को राज्य से बाहर निकाल देने का आदेश दिया।

माधवानल और कामकंदला एक-दूसरे से प्रेम करते थे। राजा को लगा कि प्रेम के चलते ही माधवानल ने उनका अपमान किया है। इसकी लिए राजा ने दोनों को अलग करवा दिया। राज्य से बाहर निकाल दिये जाने के बावजूद माधवानल

कामकंदला से मिलने लगे। लेकिन जैसे ही राजा कामसेन को इस बात की ख़बर मिली, उन्होंने पहरा और कड़ा कर दिया।

इसके बाद माधवानल उज्जैन के राजा विक्रमादित्य के पास गये और उन्हें अपनी कला से प्रभावित किया। एक समय जब राजा विक्रमादित्य बहुत प्रसन्न थे, तब माधवानल ने उन्हें कामकंदला से अपने प्रेम के बारे में बताया और अनुरोध किया कि वे उनकी प्रेमिका को राजा के चंगुल से मुक्ति दिलाएँ।

कथा अनुसार, राजा विक्रमादित्य ने माधवानल और कामकंदला के प्रेम की परीक्षा ली।जब दोनों के प्रेम पर राजा विक्रमादित्य को विश्वास हो गया,तब कामकंदला की मुक्ति के लिए राजा कामसेन के पास संदेश भिजवाया।कामसेन ने राजा विक्रमादित्य का प्रस्ताव ठुकरा दिया।राजा विक्रमादित्य ने युद्ध का बिगुल फूँक दिया।दोनों राजाओं की सेनाएँ आमने-सामने आ गयीं। दोनों राजा बहुत पराक्रमी थे। बड़ी और दिलचस्प बात यह थी कि राजा विक्रमादित्यमहाकाल के भक्त थे, तो राजा कामसेन माता दुर्गा के। दोनों राजाओं ने युद्ध से पहले अपने-अपने इष्टदेव का आह्वान किया।इस आह्वान पर महाकाल और माँ दुर्गा अपने-अपने भक्तों की सहायता करने प्रकट हुए। कहा जाता है कि देवी और देवता में युद्ध संभव न था, इसी वजह से युद्ध को टालने के लिए महाकाल ने विमला माता से राजा विक्रमादित्य को क्षमा करने की प्रार्थना की।लेकिन दोनों ने कामकंदला और माधवानल को मिलाया और अंतर्ध्यान हो गये। तभी से माँ दुर्गा बम्लेश्वरी देवी के रूप में डोंगरगढ़ के मंदिर में विराजमान हैं।माँ दुर्गा बम्लेश्वरी छत्तीसगढ़ के लोगों की अधिष्टात्री देवी के रूप में दुनिया-भर में प्रसिद्ध हैं। मान्यता है कि माता बम्लेश्वरी के आशीर्वाद से भक्तों को शत्रुओं को हराने की शक्ति और विजय का वरदान मिलता है।माता बम्लेश्वरी अपने भक्तों को मुश्किलों के दौर में सही रास्ता दिखती हैं और संकट के दौर में उनकी रक्षा करती हैं।

इसकी वजह से फूलबासन और उनकी साथियों ने मिलकर माँ बम्लेश्वरी के नाम पर अपना स्वयं सहायता समूह बनाने का फ़ैसला लिया।

सफलता के पाँच नियम

'ग़रीबी' एक ऐसी चीज़ थी, जिसको फूलबासन ने बचपन से देखा और जिया था। ग़रीबी की मार खाते-खाते फूलबासन यह जान गयी थीं कि शिक्षा के माध्यम से भी ग़रीबी दूर की जा सकती है। उन्हें विश्वास हो गया था कि शिक्षा ग़रीबी हटाने का स्थायी समाधान हो सकती है। फूलबासन इसी के साथ स्वास्थ्य एवं सफ़ाई के क्षेत्र में भी काम करना चाहती थीं। उन्होंने देखा था कि गाँव में कोई भी स्वास्थ्य के बारे में न बात करता है, न चिंतित होता है। साफ़-सफ़ाई को भी कभीकिसी ने महत्व नहीं दिया।फूलबासन गाँव में इन्हीं सब के बारे में जागरूकता फैलाना चाहती थीं। ग़रीबी, सफ़ाई, भलाई, पढ़ाई, रोज़गार और नशा मुक्तिऐसे अहम क्षेत्र थे, जिसमें फूलबासन अपने माँ बम्लेश्वरी स्वयं सहायता समूह के साथ लगातार काम कर रही थीं।

अपने समूह की विधिवत स्थापना के बाद फूलबासन ने समूह से संबंधित नियमों और मानदंडों को स्थापित किया। फूलबासन की सोच थी कि यह पूरा ब्रह्माण्ड, पूरी प्रकृति कुछ नियमों से ही चलती है और इसी तरह उनके समूह को भी सुचारु रूप से चलाने के लिए कुछ नियम-कायदों का होना और उसका पालन करना ज़रूरी है। फूलबासन को इस बात का अंदाज़ा था कि भ्रष्टाचार, बेईमानी और अनुशासनहीनता की वजह से बनता काम बिगड़ जाता है। इसी कारण फूलबासन ने अपने समूह को सुचारु तरीक़े से चलाने के लिए पाँच नियम बनाये।

पहला नियम,नियमित तौर पर समूह के सदस्यों का एक-साथ मिलना। फूलबासन के अनुसार, घर पर अकेले बैठकर समस्या का समाधान निकालना

मुश्किल होता है।सभी को बताया गया कि अगर सदस्य नियमित तौर पर मिलते रहेंगे, तो अपनी समस्या साझा कर सकते हैं और सब मिलकर उसका समाधान ढूँढ सकते हैं।

दूसरा नियम,रुपयों की बचत। फूलबासन सभी महिलाओं को रुपयों की बचत करना सिखाना चाहती थीं ताकि बचत करना उनकी आदत में आ जाए। उन्होंने हर दिन खाना बनाने के पहले दो मुट्ठी चावल और हर ख़र्च के पहले दो रुपये अलग बचा कर रखने की सीखदी।

तीसरा नियम, जमा हुए रुपयों का सदुपयोग। फूलबासन ने महिलाओं को जमा हुए रुपयों को किसी ज़रूरतमंद को देकर सहायता करने के लिए प्रोत्साहित किया। फूलबासन ने समझाया कि ज़रूरत पड़ने पर यदि महिलाएँ एक-दूसरे की मदद करेंगी, तो एक-एक करते हुए सभी मुश्किलें दूर हो जाएँगी। नियम ऐसा बनाया गया कि जमा रुपये जिस किसी ज़रूरतमंद सदस्य दो दिये जाएँ, वह उसका सदुपयोग करे। ज़रूरतमंद सदस्य को रुपये उधार दिये जाते थे ताकि वह समय पर लौटा सके और यही राशि दूसरी महिला के काम आ सके। जमा राशि एक निश्चित ब्याज-राशि पर ज़रूरतमंद महिला सदस्य को दी जाती थी।

चौथा नियम - उधार लिये हुए रुपये को समय पर लौटाना। फूलबासन का मानना है कि तय समय पर लेन-देन भरोसा और विश्वास बढ़ाता है और लोगों को रुपये देने के लिए प्रेरित भी करता है।

पाँचवाँ नियम, हर लेन-देन का सही तरीक़े से रिकॉर्ड बनाकर रखना। आपस में विश्वास कर रुपयों का लेन-देन करने के लिए और धोखेबाज़ी से बचने के लिए एक सही रिकॉर्ड बनाये रखना बेहद ज़रूरी था।

बात बिल्कुल साफ़ थी। फूलबासन ने सुनिश्चित किया कि पूरी तरह से पारदर्शिता रहे। सभी सदस्यों का एक-दूसरे पर विश्वास बना रहे। अविश्वास की कोई गुंजाइश न रहे। जमा राशि से सबसे ज़्यादा ज़रूरतमंद की सबसे पहले मदद हो। सबसे बड़ा लक्ष्य यही था कि ग़रीबी दूर हो, किसी के घर-परिवार में भुखमरी जैसी स्थिति कभी न आये।

स्वयं सहायता समूह वाकई ग़रीबी मिटाने में काफ़ी कारगर साबित होते हैं। संगठन-शक्ति से चलने वाले इन समूहों की वजह से न सिर्फ़ लोगों की आर्थिक स्थिति सुधरती है, बल्कि समाज भी मजबूत होता है।

फूलबासन ने बदलाव का जो बीज बोया था, वह अब प्रसफुटित हो गया था।

बैंक को मंदिर माना और दरवाज़े पर उतार दी चप्पलें

फूलबासन और उनके समूह की चर्चा अब दूर-दूर तक होने लगी थी। अलग-अलग गाँवों में महिलाओं ने फूलबासन के दिखाये रास्ते पर चलना शुरू किया था। इन सभी की कोशिश ग़रीबी से मुक्ति पाने और आत्मनिर्भर बनने की थी।

फूलबासन के बेहतरीन काम से प्रभावित होकर यूनियन बैंक के मैनेजर सिंघा, एक दिन उनसे मिलने आये। उन्होंने फूलबासन को बैंक में बचत खाता खोलने और व्यवस्थित तरीक़े से रुपये जमा करने की हिदायत दी। लेकिन फूलबासन को बैंक की किसी भी प्रक्रिया या नियम का ज्ञान नहीं था। फूलबासन ने हिचकते हुए सिंघाजी को बताया कि वे ज़्यादा पढ़ी-लिखी नहीं हैं और उन्हें बैंक में खाता खोलने की प्रक्रिया के बारे में कोई जानकारी नहीं है। सिंघाजी ने फूलबासन को बैंक आने को कहा और भरोसा दिलाया कि अकाउंट खोलने में वे ख़ुद फूलबासन की मदद करेंगे।मैनेजर सिंघा ने बैंक में बचत खाता खोलने से होने वाले फ़ायदों के बारे में भी बताया। फूलबासन ने फ़ायदों को ध्यान में रखते हुई समूह की सभी सदस्यों का खाता खुलवाने का फ़ैसला लिया।

अगले दिन फूलबासन और माँ बम्लेश्वरी स्वयं सहायता समूह के दूसरे सदस्य बैंक पहुँच गये। बैंक पहुँचते ही महिलाओं ने बैंक के दरवाज़े पर अपनी चप्पलें उतार दीं। यह देखकर बैंक मैनेजर और दूसरे कर्मचारी विस्मित हो गये। उन्हें समझ में नहीं आया कि आख़िर महिलाओं ने चप्पलें क्यों उतार दीं। अपनी शंका को दूर करने के लिए मैनेजर ने फूलबासन से सवाल किया। फूलबासन का जवाब सुनकर सिंघाजी को और भी आश्चर्य हुआ। उन्हें इन महिलाओं की नेकदिली और

मासूमियत समझ में आ गयी। फूलबासन ने कहा, "हम लोग ज़्यादा पढ़ी-लिखी नहीं हैं। लेकिन हम सबको मालूम है कि यहाँ लक्ष्मीजी रहती हैं। जहाँ लक्ष्मीजी रहती हैं, वह जगह मंदिर है। हम पाँव में चप्पल पहनकर मंदिर में नहीं जा सकती हैं।"

सिंघाजी ने सभी महिलाओं का बैंक में खाता खुलवाया। इतना ही नहीं, बैंक के कामकाज के बारे में सभी को बताया। महिलाओं को यह भी बताया गया कि बैंक में कितने समय तक रुपये जमा रखने पर कितना ब्याज मिलता है। बैंक मैनेजर ने बैंक से उधार लेने की प्रक्रिया के बारे में भी विस्तार से बताया। समूह के नाम पर खाता खुला और महिलाओं ने अपने-अपने, अलग-अलग बचत खाते भी खोले।बैंक मैनेजर सिंघाजी महिलाओं के इस छोटे से समूह और उनके प्रयासों से इतना ख़ुश थे कि उन्होंने अपनी जेब से भी एक सौ रुपये समूह के खाते में जमा किये। बैंक के बाक़ी कर्मचारियों ने भी स्वयं सहायता समूह के सेवा-कार्यों को और फैलाने के लिए हर ज़रूरी क़दम उठाने शुरू किये। बैंक में खाता खुलने पर इन महिलाओं को ऐसा लगा, जैसे ख़ुशी और ख़ुशहाली का बंद रास्ता खुल गया है।

जिलाधीश बन गये भाई

एक दिन गाँव में एक सभा हुई। इस सभा में यूनियन बैंक के मैनेजर सिंघाजी भी मौजूद थे। स्टेज बना हुआ था, माइक लगा हुआ था। गाँव के बहुत सारे लोग जमा थे। फूलबासन भी सभा में मौजूद थीं और लोगों के बीच बैठी थीं।

सिंघाजी ने माइक पर फूलबासन से मंच पर आने और अपनी बातें कहने का अनुरोध किया। जैसे ही स्टेज पर बुलाया गया, फूलबासन के दिल की धड़कनें तेज़ हो गयीं। वैसे तो फूलबासन बोलती बहुत अच्छा हैं, लेकिन लोगों से भरी सभा में माइक पर से कभी नहीं बोला था। वे छोटी-बड़ी कई बैठकों को संबोधित कर चुकी थीं। लोगों से मिलना, उनसे बातें करना, अलग-अलग विषयों के बारे में जानकारी देना, उनकी दिनचर्या का हिस्सा था। वे अपनी बातों से लोगों को प्रभावित करती थीं।

फूलबासन को इस बात का भी अहसास था कि सभा में कई अफ़सर भी मौजूद हैं। इसी वजह से वे ज़्यादा घबरायी हुई थीं।

फूलबासन इस वजह से भी चिंताग्रस्त थीं क्योंकि उन्हें अफ़सरों के सामने बोलना था और वे पुरानी साड़ी पहने हुए थीं और चप्पल भी सही नहीं थे।

सिंघाजी के अनुरोध को वे ठुकरा नहीं सकती थीं, इस वजह से किसी तरह हिम्मत जुटाकर वे माइक के सामने पहुँचीं।जैसे ही उन्होंने बोलना शुरू किया,फिर से उनके अंदर डर का भाव आ गया।

ख़ैर, घबराहट के बावजूद फूलबासन ने बोलना शुरू किया। मन के बात कह दी। फूलबासन ने कहा कि भले ही एक अकेली महिला सारे कार्य करने

में सक्षम न हो, लेकिन इन्हीं महिलाओं के द्वारा बनायी गयी स्वयं सहायता समिति आत्मनिर्भर होती है।समिति बेचारी नहीं होती, क्योंकि समिति की बैठक में महिलाएँ आपस में चर्चा करते हुए समस्या का समाधान ढूँढती हैं। फूलबासन ने बताया कि किस तरह उनका समूह ग़रीबी को दूर करने में कामयाब रहा है। फूलबासन ने अपनी भविष्य की योजानाओं के बारे में भी बताया।

सभा में फूलबासन ने लोगों से एक-दूसरे की मदद करने की गुज़ारिश की। फूलबासन ने लोगों से अपने अंदर की शक्ति को भांपकर, उस शक्ति का सही इस्तेमाल करने की बात कही और इसी शक्ति से समाज का उद्धार कर महिलाओं को न केवल आर्थिक बल्कि सामाजिक तौर पर आगे बढ़ने की प्रेरणा दी। उन्होंने 'रामकोठी'के बारे में भी बताया।

फूलबासन की बातों से हर कोई प्रभावित हुआ। सभा में राजनांदगाँव के कलेक्टर दिनेश श्रीवास्तव भी मौजूद थे। फूलबासन को पता नहीं कि ज़िले के सबसे बड़े अधिकारी उनकी बातें सुन रहे हैं।

फूलबासन ने अफ़सरों के बारे में एक बात सुनी हुई थी। उन्होंने सुना था कि सरकारी अफ़सर के पास किसी को भी जेल भेजने की ताक़त होती है।

फूलबासन ने भाषण तो लाजवाब दिया था, लेकिन वे घबरा रही थीं। डरी-सहमी फूलबासन स्टेज से नीचे उतरने लगीं और उतरते वक़्त एक ही चीज़ सोचती रहीं, अब सरकारी अफ़सर उन्हें जेल न भेज दें। उन्हें शंका थी कि उनकी बातें अफ़सरों को पसंद न आयी हों।

कुछ पल के लिए तो फूलबासन की आँखों के सामने अपने बच्चों के चेहरे घूमने लगे।उन्हें लगा कि अगर जेल भेजा गया, तब उनके बच्चों को माँ के बग़ैर रहना पड़ेगा।

कुछ पल के बाद ख़ुद ज़िला कलेक्टर दिनेश श्रीवास्तव ने फूलबासन को फिर से मंच पर बुलाया। अब तो फूलबासन को पक्का यकीन हो चला था कि उन्हें जेल भेज दिया जाएगा। उनका डर और बढ़ गया। लेकिन इसके जो बाद हुआ,उसने फूलबासन को सुखद आश्चर्य के सागर में डुबोदिया। कलेक्टर ने फूलबासन का हाथ थामकर उनकी प्रशंसा की। उन्होंने यह भी कहा कि फूलबासन उन्हें कलेक्टर न मानकर, अपना बड़ा भाई मानें। उन्होंने फूलबासन को यह आश्वासन दिया कि ग़रीबी के ख़िलाफ़ लड़ाई में अब वे अकेली नहीं हैं। वे ख़ुद उनकी हर मुमकिन

मदद करेंगे। उन्होंने अपने सारे कर्मचारियों को फूलबासन की मदद करने की ताकीद भी की।

तारीफ़ करने के बाद कलेक्टर ने फूलबासन को अपने गाँव से और आगे बढ़ने की सलाह दी। गाँव-गाँव जाकर ग़रीबी से कैसे लड़ना है, यह बात महिलाओं को बताने पर ज़ोर दिया।बहुत से ऐसे गाँव थे, जो फूलबासन से प्रेरित होकर ग़रीबी और भूख से लड़कर उबरना चाहते थे। दिनेश श्रीवास्तव ने फूलबासन का ध्यान शराब और अन्य मादक पदार्थों की समस्याओं की तरफ़ भी आकर्षित किया। उन्होंने माँ बम्लेश्वरी स्वयं सहायता समूह को बताया कि बहुत-सी परेशानियों का कारण नशा भी है। दिनेशजी ने समिति को याद दिलाया कि उनकी लड़ाई ग़रीबी और उत्पीड़न के ख़िलाफ़ है और समिति एकजुट होकर महिलाओं के उत्थान के लिए खड़ी है। लेकिन औरतों पर हो रहे ज़ुल्म और शोषण का एक कारण शराब भी है। पुरूष शराब पीकर महिलाओं पर हाथ उठाते हैं। गालियाँ देते हैं। इन्हीं सब कारणों की वजह से कलेक्टर ने फूलबासन को शराबखोरी को ख़त्म करने के लिए काम करने की सलाह दी। कलेक्टर ने फूलबासन और उनकी साथियों को शिक्षा, स्वच्छता और स्वास्थ्य पर पूरा ध्यान देने और महिलाओं में जागरूकता लाने के लिए पूरी ताक़त के साथ काम करने का सुझाव दिया।

फूलबासन कलेक्टर से अपनी और समूह के काम की तारीफ़ सुनकर ख़ुश हो गयीं। उन्हें यह जानकर अच्छा लगा कि एक सरकारी अफ़सर भी उनके साथ हैं। दिनेश श्रीवास्तव और बाक़ी कर्मचारियों से मिले प्रोत्साहन ने माँ बम्लेश्वरी स्वयं सहायता समूह और फूलबासन का जुनून दोगुना कर दिया।समूह की महिलाएँ अब सिर्फ़ अपने गाँव में ही नहीं, बल्कि पूरे ज़िले और हो सके तो पूरे राज्य में बदलाव लाने की योजनाएँ बनाने में जुट गयीं। हालाँकि अभी बहुत-सी मुश्किलों का सामना करना था, अभी बहुत लड़ाइयाँ लड़नी थी।

कलेक्टर का गाँव में आना, एक महिला का भाषण सुनना, उनके भाषण की और उनके काम और कामयाबी की तारीफ़ करना आम घटना नहीं थी। इस घटना की चर्चा ज़िले-भर में हुई। फूलबासन का नाम और उनकी ख्याति अब ज़िले की सीमा पारकर राज्यभर में फैलने लगी।

विद्या ददाति विनयं

शिक्षा है सब काल कल्प-लतिका-सम न्यारी;
कामद, सरस महान, सुधा-सिंचित, अति प्यारी।
शिक्षा है वह धारा, बहा जिस पर रस-सोता;
शिक्षा है वह कला, कलित जिससे जग होता।
है शिक्षा सुरसरि-धार वह, जो करती है पूततम;
है शिक्षा वह रवि की किरण, जो हरती है हृदय-तम।
क्या ऐसी ही सुफलदायिनी है अब शिक्षा?
क्या अब वह है बनी नहीं भिक्षुक की भिक्षा?
क्या अब है वह नहीं दासता-बेड़ी कसती?
क्या न पतन के पाप-पंक में है वह फँसती?
क्या वह सोने के सदन को नहीं मिलाती धूल में?
क्या बनकर कीट नहीं बसी वह भारत-हित-फूल में?
प्रतिदिन शिक्षित युवक-वृंद हैं बढ़ते जाते;
पर उनमें हम कहाँ जाति-ममता हैं पाते?
उनमें सच्चा त्याग कहाँ पर हमें दिखाया?

देश-दशा अवलोक वदन किसका कुम्हलाया?
दिखलाकर सच्ची वेदना कौन कर सका चित द्रवित;
किसके गौरव से हो सकी भारतमाता गौरवित।
अपनी आँखें बंद नहीं मैंने कर ली हैं;
वे कंदीलें लखीं जो कि तम-मधय बली हैं।
वे माई के लाल नहीं मुझको भूले हैं।
सूखे सर में जो सरोज-जैसे फूले हैं।
कितनी आँखें हैं लगीं जिन पर आकुलता-सहित;
है जिनकी सुंदर सुरभि से सारा भारत सौरभित।
किंतु कहूँगा काम हुआ है अब तक जितना;
वह है किसी सरोवर की कुछ बूँदों-इतना।
जो शाला कल्पना-नयन-सामने खड़ी है;
अब तक तो उसकी केवल नींव ही पड़ी है।
अब तक उसका कल का कढ़ा लघुतम अंकुर ही पला;
हम हैं विलोकना चाहते जिस तरु को फूला-फला।
प्यारे छात्र समूह, देश के सच्चे संबल,
साहस के आधार, सफलता-लता-दिव्य-फल,
आप सबों ने की हैं सब शिक्षाएँ पूरी;
पाया वांछित ओक दूर कर सारी दूरी।
अब कर्म-क्षेत्र है सामने, कर्म करें, आगे बढ़ें;
कमनीय कीर्ति से कलित बन गौरव-गिरिवर पर चढ़ें।
है शिक्षा-उपयोग यही जीवन-व्रत पालें;

जहाँ तिमिर है, वहाँ ज्ञान का दीपक बालें।

तपी भूमि पर जलद-तुल्य शीतल जल बरसे;

पारस बन-बन लौहभूत मानस को परसें;

सब देश-प्रेमिकों की सुनें, जो सहना हो वह सहें;

उनके पथ में काँटे पड़े हृदय बिछा देते रहें।

प्रभो, हमारे युवक-वृंद निजता पहचानें;

शिक्षा के महनीय मंत्र की महिमा जानें।

साधन कर-कर सकल सिध्दि के साधन होवें;

जो धब्बे हैं लगे, धौर्य से उनको धोवें।

सब काल सफलताएँ मिलें, सारी बाधाएँ टलें;

वे अभिमत फल पाते रहें, चिर दिन तक फूलें-फलें।

हिंदी के सुप्रसिद्ध साहित्यकार अयोध्यासिंह उपाध्याय 'हरिऔध' की यह काव्य-रचना शिक्षा के महत्व को समझती है।

फूलबासन ने कम उम्र में पढ़ाई-लिखाई की कीमत समझ ली थी और अब जीवन के इस पड़ाव पर वे इसी समझ को दूसरों तक पहुँचाना चाहती थीं। स्वयं सहायता समूह ने घर-घर जाकर शिक्षा के महत्व को समझाने का बीड़ा उठाया। समिति ने उन परिवारों और उन बच्चों को आर्थिक मदद देने का निश्चय किया, जो पढ़ना तो चाहते थे लेकिन रुपयों की कमी के चलते स्कूल जाने में सक्षम नहीं थे। बचपन में फूलबासन की मदद ट्रक-चालकों और कंडक्टरों ने की थी और वैसी ही मदद वे गाँव के ग़रीब बच्चों के लिए करने लगीं।

इसी दौरान छत्तीसगढ़ सरकार ने फूलबासन को छत्तीसगढ़ राज्य अलंकरण पुरस्कार देने की घोषणा की। छत्तीसगढ़ में राज्य का स्थापना दिवस राज्योत्सव के रूप में मनाया जाता है। राज्योत्सव के दौरान राज्य में अलग-अलग क्षेत्रों में उत्कृष्ट काम करने वाले लोगों को सम्मानित किया जाता है। फूलबासन को भी इस पुरस्कार के लिए चुना गया।

पुरस्कार के तहत उन्हें एक लाख रुपये की नकद राशि भी मिली। फूलबासन चाहतीं तो वे इस राशि का इस्तेमाल अपने विकास के लिए, अपने घर-परिवार के कल्याण के लिए कर सकती थीं। लेकिन, उन्होंने ऐसा नहीं किया। फूलबासन को लगा कि इस नकद राशि पर अधिकार समूह है, समाज का है।

फूलबासन ने एक बड़ा फ़ैसला लिया। फ़ैसला था 52 ग़रीब बच्चों को गोद लेने का। फूलबासन ने पुरस्कार राशि से यह सुनिश्चित करने की ठानी कि इन 52 बच्चों को स्कूली शिक्षा मिले। इन सभी बच्चों के हाथ में किताबें हों, पेन-पेंसिल हो, ताकि वे पढ़ें-लिखें और अपनी ज़िंदगी सँवारें।

फूलबासन के इस काम की हर तरफ़ तारीफ़ हुई। इस काम से प्रेरणा लेते हुए माँ बम्लेश्वरी स्वयं सहायता समूह ने भी ग़रीब बच्चों की पढ़ाई का ख़र्च उठाने का फ़ैसला लिया।समूह की सदस्यों ने स्कूल जाकर बच्चों से मिलना शुरू किया। एक मायने में एक सर्वेक्षण शुरू हुआ। इस सर्वेक्षण से पता लगा कि स्कूल में पढ़ रहे कुछ बच्चों के पास किताबें, कॉपी, पेंसिल-पेन आदि ख़रीदने के लिए कोई संसाधन नहीं हैं। बातचीत में ये भी पता लगा कि कुछ बच्चों को पढ़ाई-लिखाई में कोई रूचि नहीं है।कुछ पढ़ाई करने के बजाय काम करके रुपये कमाना चाहते हैं, तो कुछ को पढ़ाई कभी रास ही नहीं आयी। भूखे रहने के कारण कई छात्रों की मानसिक और शारीरिक स्थिति कमज़ोर थी। सर्वेक्षण में हासिल ये सारे अहम बिंदुओं ने माँ बम्लेश्वरी स्वयं सहायता समूह का ध्यान खींचा। बच्चों की इन तकलीफ़ों को दूर करने के लिए समूह ने नये तरीक़े से योजनाएँ बनायीं और और सभी महिला सदस्य जुट गयीं इन सभी समस्याओं का समाधन निकालने में।

माँ बम्लेश्वरी स्वयं सहायता समूह ने तीन फ़ैसले लिये। पहला, उन बच्चों को किताबें,कॉपी, स्टेशनरी, स्कूल यूनिफार्म मुहैया करायी जाए, जो इन सब को ख़रीदने में अक्षम हैं। दूसरा, समूह लगातार स्कूल जाकर बच्चों को शिक्षा का महत्व समझाएगा। मूलतः बच्चों में पढ़ा के प्रति रुचि न होने का कारण था, पढ़ाई के प्रति उनका जागरूक न होना। कई बच्चेयह नहीं जानते थे कि पढ़ाई उनके लिए कितने बंद दरवाज़े खोल देती है और ऐसा करने से उनका जीवन कितना उन्नत और ख़ुशहाल बन सकता है। बच्चों को शिक्षा का महत्व समझाते हुए समूह ने नया उत्साह पैदा किया। तीसरा, माँ बम्लेश्वरी स्वयं सहायता समूह ने 'बाल-भोज'नाम से मध्याहन भोजन आयोजित करना शुरू किया, ताकि

कोई भी बच्चा भूखा न रहे। इस 'बाल भोज' ने बच्चों का आँगनवाड़ी केंद्र में आना नियमित कर दिया। अगर घर में बच्चों को खाना न मिलता, तो वे दौड़े-दौड़ेआँगनवाड़ी आ जाते। 'बाल-भोज' आयोजन ने अभिभावकों को भी अपने बच्चों को आँगनवाड़ी भेजने के लिए प्रेरित किया। समिति के प्रयासों ने आश्चर्यजनक और सुखद परिणाम दिये। गाँव को एक नया जीवन मिला। अब गाँव में बचपन पिस नहीं रहा था, न ही वह बर्बाद हो रहा था। गाँव में बचपन संवर रहा था। उज्जवल भविष्य की नींव रख रहा था।

फूलबासन सिर्फ़ बच्चों को ही नहीं, बल्कि महिलाओं को भी शिक्षित करना चाहती थीं। बहुत-सी ऐसी महिलाएँ थीं, जो किसी न किसी कारण से स्कूल न जा सकीं। फूलबासन ने महिलाओं को शिक्षित करना बेहद ज़रूरी समझा। फूलबासन जान गयी थीं कि स्वयं सहायता समूहों के रूप में एक नयी क्रांति की शुरुआत हुई है और इससे महिलाओं का जीवन बेहतर होगा। अगर महिलाओं को पढ़ना-लिखना आता है, तो वे जागरूक रहेंगी और अपने अधिकारों के बारे में जान पाएँगी। अधिकारों के बारे जाने बिना सशक्त बनना मुश्किल था।पढ़ाई-लिखाई सीखने का सीधा मतलब था, ख़ुद को और भी ताक़तवर बनाना। समूह ने महिलाओं के लिए खुले आसमान के नीचे कक्षाएँ शुरू कीं। वे महिलाएँ जिन्होंने पाँचवीं, छठी कक्षा तक पढ़ाई की हुई थी, उन्होंने कभी स्कूल का मुँह न देखने वाली औरतों को पढ़ाने का बीड़ा उठाया। इन्हीं महिलाओं के साथ उन बच्चों को भी बुलाया गया, जो कभी स्कूल नहीं गये। फूलबासन ने ज़्यादा से ज़्यादा लोगों को शिक्षित होने के लिए प्रेरित किया। जो महिलाएँ और बच्चे कक्षा में नहीं आ पाते थे, उन्हें गोबर से अक्षर लिखवाया जाने लगा।

अब फूलबासन पथ-प्रदर्शक बन चुकी थीं। लोगों को अँधेरे और निराशावाद से निकालकर प्रकाश और आशावाद की तरफ़ लाने में माँ बम्लेश्वरी स्वयं सहायता समूह ने बड़ी भूमिका निभायी। माँ बम्लेश्वरी स्वयं सहायता समूह ने 1700 से ज़्यादा प्राथमिक विद्यालयों में मध्याह्न भोजन की व्यवस्था लागू करना शुरू किया। समूह ने 'बालभोज' पोषण-पहल के बारे में स्कूलों और आँगनवाड़ी केंद्रों में जागरूकता फैलायी।

दत्तकपुत्री योजना के तहत समूह ने हर साल ग़रीब लड़कियों को गोद दिया और उनकी शिक्षा का पुख़्ता इंतज़ाम किया। एक-एक करते हुए समूह ने 2800 बच्चों को गोद लिया,यानी इन बच्चों को उनका बचपन दिया, उज्जवल

भविष्य की मजबूत नींव रखी। इसी तरह एक के बाद एक करते हुए समूह ने 4225आँगनवाड़ी केंद्रों में बच्चों के लिए भोजन का प्रबंध करना शुरू किया।

फूलबासन के नेतृत्व वाले माँ बम्लेश्वरी स्वयं सहायता समूह के बारे में आस-पड़ोस के गाँवों ही नहीं बल्कि दूर-दूर के गाँवों में भी चर्चा में रहने होने लगी। समिति ने गाँव में कुछ बेहद क्रांतिकारी बदलाव किये। ग़रीबी और निरक्षता के ख़िलाफ़ उठाये गये क़दमों ने बहुत से अधिकारियों का ध्यान अपनी ओर खींचा।

संस्कृत का यह श्लोक वर्षों से भारत में लोगों को विद्या के महत्त्व को समझाने में मदद कर रहा है ...

विद्या ददाति विनयं विनयाद् याति पात्रताम्।

पात्रत्वाद्धनमाप्नोति धनाद्धर्मं ततः सुखम्॥

मतलब विद्या विनय देती है, विनय से पात्रता आती हैं, पात्रता से धन मिलता है, धन से धर्म, और धर्म से सुख प्राप्त होता है।

आरोग्यं परमं भाग्यं स्वास्थ्यं सर्वार्थसाधनम्

माँ बम्लेश्वरी स्वयं सहायता समूह के सर्वेक्षण के दौरान एक और बड़ी बात सामने आयी थी। गाँव के कई बच्चे कुपोषण का शिकार थे। कुपोषण केवल बच्चों तक ही सीमित नहीं था। बहुत से अभिभावक भी अपने बच्चों का पेट भरने के लिए भूखा रहा करते थे और धीरे-धीरे कुपोषण का शिकार हो गये थे। फूलबासन ने ख़ुद इस समस्या को महसूस किया था। उनकी बेटी भी इस भयावह स्थिति से गुज़र चुकी थीं। फूलबासन को अहसास हुआ कि इन परिस्थितियों में बदलाव करना बेहद ज़रूरी है, क्योंकि अगर परिवार, अभिभावक, और बच्चे शारीरिक रूप से कमज़ोर रहेंगे, तो गाँव की सूरत को बदलना बेहद मुश्किल होगा।

गाँव में कुपोषण के मुख्यत: दो कारण थे। पहला, ग़रीबी यानी भोजन जुटाने के लिए रुपयों की कमी। रुपयों की तंगी की वजह से बहुत से परिवार और बच्चे भूखे रहते थे और धीरे-धीरे अल्पपोषित और कुपोषित होते जाते। दूसरा, जो परिवार खाना जुटाने में समर्थ भी होते,वे पौष्टिक आहार या संतुलित आहार नहीं लेते थे।

फूलबासन जानती थीं कि अगर एक औरत बीमार है, तो उसका पूरा घर-परिवार एक तरह से बीमार हो जाता है। अगर एक आदमी बीमार होता है, तो उसके बच्चे, पत्नी उसका ध्यान रखने के लिए होते हैं। पत्नी अपने पति के लिए खाना बनाती है, घर संभालती है और बाक़ी काम भी करती है।पत्नी अपने पति

के के हाथ-पाँव दबाती है, दवा देती है। गरमागरम खाना परोसती है। लेकिन पत्नी बीमार पड़ जाए, तो वह सिर्फ़ ज़्यादा से ज़्यादा एक ही दिन आराम कर सकती है। पहले दिन उसे दवाईयां मिल जाएँगी, लेकिन दूसरे दिन उसे मजबूरन काम में जुटना पड़ेगा। घर की महिलाएँ बीमारी में भी आराम नहीं कर पाती हैं, क्योंकि उन्हें घर, बच्चे, पति सभी की देखभाल करनी पड़ती है और इसलिए उनका स्वस्थ रहना बेहद आवश्यक है। हक़ीक़त में महिलाएँ जो काम कर सकती हैं, वे काम पुरुष नहीं करते, या फिर करने से कतराते हैं।

फूलबासन को समझ आ गया था कि संतुलित आहार की अहमियत क्या होती है। उन्हें यह भी बोध हुआ कि लोगों को टीकाकरण, स्वास्थ्य जाँच और ज़रूरत पड़ने पर दवाइयाँ मुहैया करानी चाहिए। इन्हीं सारी चीज़ों के प्रति ग्रामवासियों का जागरूक न होना बीमारियों को बढ़ावा देता है। ऐसी बीमारियों से गाँव को बचाने का एक ही तरीक़ा था - जागरूकता फैलाना। माँ बम्लेश्वरी स्वयं सहायता समूह ने एक हेल्थ कैंप यानी स्वास्थ्य शिविर के ज़रिये यह काम पूरा करने का रास्ता चुना। समिति के सदस्यों ने अस्पताल जाकर डॉक्टरों से मुलाक़ात की। उन्हें बताया कि ज़्यादातर गाँववालों ने कभी अस्पताल का लाभ प्राप्त ही नहीं किया और इसी के चलते माँ बम्लेश्वरी स्वयं सहायता समूह की महिलाएँ एक हेल्थ कैंप आयोजित कराना चाहती हैं। एक ऐसा कैंप,जहाँ महिलाएँ आकर अपनी जाँच करा सकें। जहाँ महिलाओं को स्वस्थ रहने और ख़ुद की देखभाल के तरीक़ों के बारे में भी बताया जा सके। फूलबासन ने डॉक्टर से दवाइयाँ लाने की भी गुज़ारिश ताकि ज़रूरतमंद लोगों को दी जा सकें।

हेल्थ कैंप में डॉक्टर ने सबकी जाँच की। लोगों को सही आहार के बारे में बताया गया, जो उनके स्वास्थ्य में परिवर्तन ला सकता था।फूलबासन और उनकी साथियों ने इसी हेल्थ कैंप के ज़रिये स्वयं सहायता समूह अभियान में ज़्यादा से ज़्यादा महिलाओं को जुटाने की कोशिश की ताकि उनकी बचत और संसाधन में बढ़ोतरी हो और ज़्यादा से ज़्यादा लोगों की मदद की जा सके। माँ बम्लेश्वरी स्वयं सहायता समूह ने बाक़ी महिलाओं को भी ख़ुद का ही समूह स्थापित करने को प्रेरित किया, ताकि उन्हें मुश्किल समय में किसी और के सामने हाथ न फैलाना पड़े। फूलबासन के समूह ने सुनिश्चित कर रखा था कि कोई भी व्यक्ति भूखा न रहे। अगर एक भी परिवार के पास खाना न हो, तो समूह की महिलाएँ

उसका ज़िम्मा उठाएँगी और उस परिवार को खाना मुहैया कराएँगी। ऐसे ही मदद करते-करते एक श्रृंखला बनती चली गयी। पूरा गाँव स्वच्छ हुआ, स्वस्थ हुआ और सभी को भरपेट आहार मिलने लगा।

बाज़ार में पुरुषों के एकाधिकार को तोड़ा

गाँव में हफ़्ते में दो दिन बाज़ारलगता था। शनिवार को छोटा और मंगलवार को बड़ा बाज़ार लगता था। यहाँ बहुत सारे दुकानदार, फल-विक्रेता, सब्ज़ीवाले आदि अपना सामान बेचने के लिए आते थे। जिस ज़मीन पर यह बाज़ार लगता था,वह गाँव पंचायत की थी और इसलिए जिसको भी अपनी दुकान इस बाज़ार में लगानी होती, उसे पंचायत को किराया देना होता। हालाँकि ये किराया सीधे-सीधे पंचायत को न देकर ठेकेदार को दिया जाता था। हर साल पंचायत टेंडर निकालती थी और बहुत सारे ठेकेदार बाज़ार से किराया वसूलने की बोली लगाया करते। बोली लगाते वक़्त पंचायत और ठेकेदार के बीच एक रक़म निर्धारित की जाती और इस रक़म के अलावा जितनी भी अतिरिक्त धन राशि वसूल हुआ करती, वह ठेकेदारों की जेब में जाती। जो सबसे ज़्यादा बोली लगता, ठेका उसे ही मिलता था।टेंडर बेशक लाभदायक जान पड़ता था, लेकिन साथ ही चुनौतीपूर्ण और जोखिम-भरा था।

पिछले कई सालों से यह कॉन्ट्रैक्ट एक ही ठेकेदार के हाथों में था। यह ठेकेदार मारपीट और डरा-धमकाकर रुपये वसूलने में विश्वास रखता था। जब भी फूलबासन बाज़ार जातीं, वे देखतीं कि इसी ठेकेदार के गुंडे,मासूम दुकानदारों को मारते-पीटते और रुपये वसूलते हैं। दुकानदारों को निर्धारित रक़म से काफ़ी ज़्यादा किराया देने के लिए मजबूर किया जाता है ताकि ज़्यादा से ज़्यादा मुनाफ़ा ठेकेदार कमा सके। पैसा वसूलते वक़्त ये गुंडे दुकानदारों का सामान यहाँ-वहाँ फेंकते और दुकानें बर्बाद कर देते। शारीरिक हिंसा, गाली-गलौच और मार-पीट अब इस बाज़ार में आम दृश्य हो चुके थे। दुबले-पतले, भोले-भाले दुकानदार कहाँ हट्टे-कट्टे गुंडों

के सामने अड़ पाते। इतने सालों में इस ठेकेदार ने टेंडर पर अपना एकाधिकार जमा लिया था। रिश्वत देकर टेंडर अपने नाम करवाने के बाद इसके गुंडे मजबूर दुकानदारों से फ़ायदा वसूलते। इन आक्रामक गुंडों का ख़ौफ़ पूरे बाज़ार में व्याप्त था। हर व्यक्ति इनकी गुंडागर्दी से डरता था। ऐसा लगता था कि ये दुकानदार पंचायत को किराया देने के बजाय अपने आपको मार-पिटाई से बचने की रक़म, इन गुंडों को देते हैं।

फूलबासन की नज़र इस बार पंचायत द्वारा निकाले गये टेंडर पर थी। लेकिन बोली लगाने के लिए भी माँ बम्लेश्वरी स्वयं सहायता समूह के पास रुपये होने चाहिए थे। एक नियम के अनुसार, जितनी बोली में टेंडर पास होता और जिसकी तरफ़ से वह बोली लगायी जाती है, उस पार्टी को तुरंत रुपये जमा कराने होते थे। फूलबासन का समूह पिछले छह महीनों से लगातार काम कर रहा था और इन छह महीनों में उसे कुछ हज़ार रुपये जमा किये थे। ये रुपये यूनियन बैंक में जमा करवाये गये थे। समिति के अच्छे कामों से हर व्यक्ति प्रभावित था और इन्हीं अच्छे कामों और समाज-सेवा के चलते यूनियन बैंक भी माँ बम्लेश्वरी स्वयं सहायता समूह को ऋण देने को राज़ी हो गया।

नियम के अनुसार, टेंडर के दिन गाँव में पंचायत बैठी। वहाँ मौजूद ठेकेदार ज़्यादा से ज़्यादा बोली लगाने को तैयार थे। सब ठेकेदार सरपंच पर आँखें गढ़ाये बैठे थे। कई सालों से एकाधिकार जमाये बैठा ठेकेदार भी वहाँ मौजूद था। गाँव में शोर-शराबा का माहौल था। सारे ठेकेदार नीलामी की प्रक्रिया शुरू करने के लिए हल्ला मचा रहे थे। इस शोरगुल के माहौल के बीच एकदम से दस महिलाएँ बोली लगाने पहुँचीं और सारे मर्दों से कंधे से कंधा मिला, उन सब को आँखें दिखाते हुए खड़ी हो गयीं। माँ बम्लेश्वरी स्वयं सहायता समूह के इस बहादुरी भरे क़दम ने कई लोगों को हैरत में डाल दिया। समूह की महिलाएँ हर जगह बहुत काम कर चुकी थीं, लेकिन ये क्षेत्र पूरी तरह से पुरूषों का ही माना जाता था। इस नीलामी और बोली लगाने की प्रक्रिया में हमेशा से केवल पुरूषों ने हिस्सा लिया था। इसलिए इन महिलाओं को देखकर बहुत से पुरूषों ने विरोध करना शुरू कर दिया। फूलबासन ने उन मर्दों को उन्हीं की भाषा में समझा दिया कि अगर आदमी ये काम कर सकते हैं, तो महिलाएँ क्यों नहीं। वे क्या पुरूषों से कम हैं? इस गरमा-गर्मी के बाद बोली लगाने की प्रक्रिया शुरू हुई। फूलबासन ने 53 हज़ार रुपये की सबसे ऊँची बोली लगायी। वहाँ मौजूद लोग उनपर हँसने लगे।

कहने लगे, महिला समिति कहाँ से इतने रुपये जुटा पाएगी? लेकिन फूलबासन ने पहले से ही लोन का इंतज़ाम कर लिया था। लोन पास होते ही फूलबसन ने पंचायत में रुपये जमा किये और आधी जंग जीत ली। माँ बम्लेश्वरी स्वयं सहायता समूह ने पुरुषसत्तात्मक समाज से लड़ाई लड़ी और डंके की चोट पर जीत हासिल की।

गुंडों की धमकियों की वजह से जब एक पुरानी सहेली का साथ छूटा

फूलबासन और माँ बम्लेश्वरी स्वयं सहायता समूह की सभी महिलाएँ, कॉन्ट्रैक्ट अपने नाम होने पर बेहद ख़ुश थीं। और हो भी क्यों न। उन्होंने बरसों पुरानी ठेकेदारी और दादागीरी को एक तरह से मिट्टी में मिला दिया था। लेकिन असली जंग तो अभी बाक़ी थी। समिति ने बैंक से लोन ले रखा था और इस लोन को उन्हें समय पर चुकाना था। यही नहीं बाज़ार से रुपये लेकर उसमें से ख़ुद का फ़ायदा निकालना ज़रूरी था, क्योंकि वही उनकी सालाना आय थी। कुछ दिन की चुप्पी के बाद पिछले ठेकेदार ने समूह के काम में रोड़े खड़े करना शुरू कर दिया। ठेकेदार अपने साथ हमेशा लगभग दस गुंडे लेकर सफर करता था और एक दिन अपने इन्हीं गुंडों के साथ फूलबसन के पास आकर कॉन्ट्रैक्ट वापिस लेने की धमकी देने लगा। फूलबासन ने बड़ी सादगी से इंकार कर दिया, लेकिन इस मनाही से ठेकेदार आग बबूला हो गया। ठेकेदार ने फिर फूलबासन को धमकी दी कि अगर उन्होंने इस कॉन्ट्रैक्ट से अपने आप को अलग नहीं किया, तो इसका बुरा अंजाम झेलना पड़ेगा। पर आत्मविश्वास से लबरेज फूलबासन कहाँ डरने वाली थीं इन धमकियों से। तमाम धमकियों के बावजूद वे उसी तरह डंटकर सामने खड़ी रहीं।

ये गुंडे अब माँ बम्लेश्वरी स्वयं सहायता समूह की दूसरी महिलाओं को भी डराने-धमकाने लगे।जान से मार देने की धमकी दी जाने लगी। हर बढ़ते दिन के साथ ठेकेदार की धमकियाँ बढ़ती गयीं। गुंडे महिलाओं के परिवार के सदस्यों को क़त्ल कर देने की धमकी भी देने लगे।

इस समूह में सबसे कम उम्र की सदस्य, अर्चना वैष्णव इन धमकियों से थोड़ा सहम और डर गयीं। 18 साल की अर्चना बारहवीं कक्षा की छात्रा थीं। गुंडों ने उन्हें उठा लेने और अपरहण करने की धमकी दे दी। डरकर अर्चना ने माँ बम्लेश्वरी स्वयं सहायता समूह की सदस्यों से कॉन्ट्रैक्ट वापिस करने की गुज़ारिश की।अर्चना का स्कूल गाँव के बाहर था, इसलिए उन्हें डर था कि गुंडे कल को सच में उसे उठा न ले जाएँ। उन्होंने फूलबासन से कोई दूसरा कॉन्ट्रैक्ट लेने और इस कॉन्ट्रैक्ट को छोड़ने की विनती की। लेकिन फूलबासन अपने इरादों पर अड़ी रहीं। वे यह सोचती थीं कि एक असली महिला कभी अपनी ज़मीन नहीं छोड़ती। फूलबासन को लगा कि यह ठेका हाथ से निकल गया तो आने वाले दिनों में पुरुष महिलाओं को कोई बड़ा काम करने नहीं देंगे।फूलबासन के इस रवैये से अर्चना नाराज़ हुईं। जान और ज़िंदगी के ख़तरे का हवाला देकर अर्चना ने समूह छोड़ने का फ़ैसला किया। क़रीब एक साल तक समिति की सदस्य रहने के बाद अर्चना ने इस समूह को अलविदा कह दिया। पर इन सब बातों पर ज़्यादा ध्यान न देकर फूलबासन और बाक़ी महिलाएँ अपने इरादों पर अड़ी रहीं और वापिस न मुड़ने का निश्चय किया।

फूलबासन और समिति के लिए आगे का रास्ता और मुश्किल होता जा रहा था। पुराना कांट्रेक्टर अपना ख़ौफ़ कायम की कोशिश में लगातार जुटा रहा। वह वाकई बदला लेने के चक्कर में लगा था। ठेकेदार अपने गुंडों को मार-पिटाई और तोड़-फोड़ के लिए आये दिन बाज़ार भेजता। कभी-कभी तो गुंडे पूरा बाज़ार साफ़ कर जाते ताकि कोई भी दुकानदार अपनी दुकान वहाँ न लगा पाये और अंत में फूलबासन और माँ बम्लेश्वरी स्वयं सहायता समूह को नुक़सान हो जाए। कभी-कभी तो गुंडे हर दुकानदार को रुपये न देने की धमकी देकर आते।

फूलबासन और समूह की महिलाएँ हर हफ़्ते किराया लेने बाज़ार जाया करतीं। लेकिन यहाँ भी गुंडे उनका पीछा करते रहते। हर वक़्त कम से कम पाँच-छह गुंडे समूह के सदस्यों का पीछा करते। इतना सब करने के अलावा इन गुंडों ने बाज़ार के दुकानदारों और रेहड़ीवालों को समूह के ख़िलाफ़ भड़काने का काम भी किया।

कलेक्टर दिनेश श्रीवास्तव को इस गुंडे ठेकेदार की गुंडागर्दी के बारे में पता चला। उन्होंने फूलबासन को मिलने के लिए बुलाया और इन सब महिलाओं को ऐसे गुंडों से थोड़ा बचकर रहने की हिदायत दी। यही नहीं, उन्होंने ख़ुद समिति को पुलिस संरक्षण दिलवाने की बात भी कही ताकि समिति की एक भी महिला को किसी भी प्रकार का नुक़सान न झेलना पड़े। फूलबासनइतना सहयोग देखकर

बहुत ख़ुशहुईं, लेकिन वे जानती थीं कि ये लड़ाई उनकी है। जब वे ठेकों के क्षेत्र में आयी थीं, उन्हें तभी से पता था कि यहाँ रास्ता काँटों भरा होगा और ख़ासकर इन महिलाओं के लिए तो ये और जोखिम-भरा होगा। लेकिन वे इस क्षेत्र में एक मजबूत संदेश देने आयी थीं। महिलाओं का शक्ति-प्रदर्शन करने आयी थीं। इन्हीं सब कारणों से फूलबासन ने विनम्रतापूर्वक पुलिस संरक्षण लेने से मना कर दिया और कहा कि महिलाओं को केवल नैतिक-समर्थन की ज़रूरत है। महिलाओं को तो वर्षों से ऐसे धमकियाँ मिलती आ रही हैं, लेकिन समूह की महिलाएँ दिखाना चाहती हैं कि अगर सारी महिलाएँ एकजुट हो जाएँ, तो वे किसी भी प्रकार की हिंसा, धमकी और मुश्किलों से डटकर सामना कर सकती हैं। उन्होंने कलेक्टर पूछा कि आख़िर कब तक औरतें ऐसे किसी न किसी पर निर्भर रहेंगी? महिलाएँ कब तक उन जैसे अधिकारियों या पुलिस के पास सुरक्षा और संरक्षण के लिए आती रहेंगी?

फूलबासन यह समस्या ख़ुद ही हल करना चाहती थीं और उन्होंने कलेक्टर को आश्वासन दिया कि एक भी महिला को नुक़सान नहीं पहुँचेगा। इन गुंडों से महिलाएँ अपने आप निपटेंगी।

महिला-शक्ति ने किया गुंडों-बदमाशों को गाँव से बाहर

इन गुंडों ने माँ बम्लेश्वरी स्वयं सहायता समूह के सदस्यों की ज़िंदगी मुश्किल कर दी थी। इनका बाज़ार से रुपये लेना भी दुश्वार कर दिया था। बाज़ार के दुकानदार भी इन गुंडों के डर से अपने आपको समूह से दूर रखने लगे। समूह को रुपये न देने के लिए इन दुकानदारों को गुंडों ने मजबूर कर दिया था। मानों उनके हाथ ही बाँध दिये थे। फूलबासन को अब इस समस्या का हल निकालना ही था, नहीं तो समूह के लिए बैंक को लोन वापस चुकाना बेहद मुश्किल हो जाता।

अगली बार जब भी समूह की महिलाएँ किराया लेने निकलीं, तब अपने साथ आसपास की सारी महिलाओं को साथ चलने की विनती की। फूलबासन ने महिलाओं को बताया कि पुरुष-प्रधान क्षेत्र और एक गुंडे कांट्रेक्टर के ख़िलाफ़ खड़े होने का फ़ैसला किया तो ये सब मिलकर जीना मुश्किल करने लगे हैं। धमकियाँ देने लगे हैं। फूलबासन ने गाँव की महिलाओं से कहा कि ये आदमी हिंसा और धमकियों से महिलाओं को दबाना चाहते हैं।अगर इस बार महिलाओं की हार हुई, तब ये गुंडे सभी पर हावी हो जाएँगे और महिलाओं के अधिकारों को कुचलकर रख देंगे।

गाँव की महिलाओं को बात समझ में आ गयी। सभी ने मिलकर गुंडागर्दी बंद करवाने का फ़ैसला लिया।

अगले हफ़्ते महिलाएँ किराया लेने बाज़ार की ओर निकल पड़ीं। गाँव की महिलाओं पूरी तैयारी के साथ बाज़ार पहुँचीं। हमेशा की तरह जैसे ही समूह की

महिलाओं ने रुपये लेना शुरू किया, गुंडे अपनी गुंडागर्दी पर उतर आये। बाज़ार में सामान, सब्ज़ियाँफेंकनी शुरू कर दी। जब समूह की महिलाओं ने उन्हें ऐसा करने से रोका, तो वे महिलाओं से बहस करने लगे, धमकाने लगे। जैसे ही गुंडे फूलबासन और बाक़ी महिलाओं की तरफ़ बढ़ने लगे, क़रीब पचास महिलाओं का झुंड गुंडों के सामने आ खड़ा हुआ। हर महिला के पास झोला था, जिनमें कंकड़-पत्थर भरे पड़े थे। ये सारी महिलाएँ भी इन गुंडों से परेशान थीं। आज सब एकजुट होकर उनके सामने उनसे लड़ने के लिए खड़ी थीं। इन गुंडों के लिए तो दस महिलाएँ ही काफ़ी थीं। महिलाओं का झुंड देखकर गुंडे देखते ही देखते फ़रार हो गये। सारे बदमाश गाड़ी में बैठे और उल्टे पाँव वापस चले गये।

पूरे बाज़ार में ख़ुशी की लहर दौड़ गयी। फूलबासन और माँ बम्लेश्वरी स्वयं सहायता समूह के सदस्यों के लिए यह एक बड़ी जीत थी। न केवल फूलबासन और समूह की, बल्कि हर महिला के लिए यह बड़ी जीत थी। औरतों की एकजुटता का एक सुंदर उदाहरण देखने को मिला था। महिलाओं ने साबित कर दिया था कि भले ही अकेली महिला कमज़ोर हो,महिलाएँ एकजुट होकर बेहद ताक़तवर हो जाती हैं। समूह की महिलाओं ने भी दिखा दिया कि वे अकेली नहीं हैं। उनके साथ गाँव की हर महिला खड़ी है। जब गुंडों के डर से एक सदस्य ने समिति छोड़ी थी, तब फूलबासन को भी डर लगा था और शक भी हुआ। उन्हें संदेह हुआ था कि कहीं वे अपने इरादे में कामयाब हो पाएँगी या नहीं। लेकिन सबकी एकजुटता देखकर उन्हें समझ आ गया कि ये उनका अब तक का सबसे अच्छा फ़ैसला था।

अगले चार-पाँच हफ़्तों बाद गुंडे फिर से दुकानदारों को परेशान करने आये, लेकिन इर बार भी उनसेसमूह की बहुत सारी महिलाएँ टकरा गयीं, जो सहमी या कमज़ोर नहीं थी, बल्कि तेज़ तर्रार थीं। आत्मविश्वास से भरी हुई थीं। उन्हें देखकर ऐसा लगता कि सभी ने माँ काली का रूप धारण कर रखा हो। इनके आगे दस तो क्या सौ गुंडे भी कमज़ोर पड़ जाते। फूलबासन की अगुवाई में समूह की महिलाएँ अपना किराया लेती रहीं। आख़िरकार गुंडे भी समूह से डरने लगे। इस तरह पुराने ठेकेदार की हार हो गयी। लगभग बारह महीनों में समूह ने अपना लोन चुका दिया और ऊपर से 35 हज़ार का फ़ायदा भी कमाया। यह कामयाबी और कमाई दोनों समूह के लिए गर्व की बात थी। फूलबासन का सपना अब धीरे-धीरे वास्तविकता की ओर बढ़ रहा था। उन्हें हमेशा से महिलाओं की ताक़त और शक्ति को प्रदर्शित करना था और अब वही हुआ।

इस जीत ने फूलबासन के अंदर नया विश्वास जगा दिया। उनका मनोबल अब आसमान छूने लगा। माँ बम्लेश्वरी स्वयं सहायता समूह को अब नयी ऊँचाइयों पर पहुँचाने का वक़्त आ गया था। अभी बहुत सारे और सामाजिक क्षेत्र थे, जहाँ समूह को ध्यान देना था। ऐसे अलग-अलग क्षेत्रों में दखल के लिए ज़रूरी था, समूह में ज़्यादा से ज़्यादा महिलाओं को शामिल करना। फूलबासन ने भविष्य की चुनौतियों के लिए कमर कस ली। अब वे अकेली नहीं थीं। उनके साथ थीं, उनके जैसी सैकड़ों महिलाएँ।

फूलबासन बन गयीं हज़ारों महिलाओं की दीदी

फूलबासन में अब एक नया जोश था, नयी उमंग थी। वे अब गाँव-गाँव घूमने लगीं। वे पैदल ही कई गाँवों का दौरा करतीं और महिलाओं को स्वयं सहायता समूहों से होने वाले फ़ायदों के बारे में बतातीं। फूलबासन ने हर महिला को किसी न किसी स्वयं सहायता समूह से जुड़ने के लिए प्रेरित करना शुरू किया।

फूलबासन ने महिलाओं को समझाया कि स्वयं सहायता ग्रुप बनाने से एक नहीं बल्कि कई फ़ायदे हैं। सबसे बड़ा फ़ायदा तो यह है कि भुखमरी जैसी स्थिति नहीं आती। ग़रीबी दूर होने लगती है। महिला आत्मनिर्भर बनती है। रोज़गार का अवसर मिलता है। रोज़गार मिलने पर रुपयों की किल्लत नहीं रहती। घर-परिवार पर संकट आने की स्थिति में समूह की सारी महिलाएँ एकजुट होकर आगे आती हैं और मदद करती हैं। समूह की वजह से घर-परिवार, समाज की परेशानियों के बारे में चर्चा करने और इन परेशानियों को दूर करने के उपाय ढूँढने में मदद मिलती है। महिला की आर्थिक और सामाजिक स्थिति मजबूत तो होती ही है, उसे ऐसा मानसिक बल मिलता है, जिसकी वजह से बड़ी से बड़ी परेशानी से लड़ने का साहस मन में आता है।

फूलबासन जब कामयाबी की कहानियाँ सुनातीं, तो महिलाएँ इनसे प्रभावित हुए बिना नहीं रहतीं। कई बार तो ऐसा होता जब दूर गाँव से महिलाएँ आकर फूलबासन की सलाह लेतीं।

फूलबासन अब सब की 'दीदी' बन गयी थीं। एक ऐसी दीदी, जो मदद करने के लिए हमेशा तैयार रहती हैं। लोगों के मन में यह बात बैठ गयी थी कि दीदी का मतलब साहस है, ग़रीबी के ख़िलाफ़ लड़ाई में जीत है।

फूलबासन और माँ बम्लेश्वरी स्वयं सहायता समूह ने राजनांदगाँव ज़िले में बेहतरीन काम किया। इस समिति ने एकजुट होकर कुछ महिलाओं से बने समूह की शक्ति का ठोस सबूत पेश किया। महिलाओं के उत्थान के लिए एक से बढ़कर एक ज़बरदस्त काम किये।

फूलबासन ने शोषण, उत्पीड़न और अपराध के ख़िलाफ़ भी लड़ाई शुरू की। उन्होंने समाज की बेड़ियों को तोड़ा।सैकड़ों महिलाओं का जीवन बदला। समाज में महिलाओं को उनके अधिकार और यथोचित स्थान दिलवाकर वे नारी सशक्तिकरण की प्रतीक बन गयीं।

फूलबासन अब अक्सर गाँवों के दौरों पर रहतीं। सुबह घर से निकलतीं तो घर लौटते-लौटते रात हो जाती। कई बार तो ऐसा होता कि फूलबासन को रात दूसरे गाँव में ही गुज़ारनी पड़ती।

चूँकि अब फूलबासन अलग-अलग गाँवों की महिलाओं को स्वयं सहायता समूह आंदोलन से जोड़ने के लिए मीलों घूम रही थीं, लंबा सफ़र पैदल तय करना मुश्किल होने लगा।फूलबासन ने कलेक्टर दिनेश श्रीवास्तव की सलाह मानते हुए सफ़र आसान बनाने के लिए साइकिल का सहारा लेने का फ़ैसला किया।

कुछ ही दिनों में फूलबासन साइकिल चलाना सीख गयीं। इसके बाद उन्होंने गाँव की दूसरी महिलाओं को साइकिल चलाना सिखाया। एक-एक करते हुए फूलबासन ने सैकड़ों महिलाओं को साइकिल चलाना सिखा दिया।

अब फूलबासन अपनी साथियों के साथ साइकिल पर यात्राएँ करने लगीं। साइकिल की वजह से सफ़र आसान हुआ और समय की बचत भी।

धीरे-धीरे करते हुए फूलबासन अपने ज़िले के बाहर भी चली गयीं। अब वे अपने गाँव से कई मील दूर जाकर महिलाओं को जागरूक कर रही थीं।

महिलाओं को साइकिल चलाने को प्रेरित करने के लिए ज़िला प्रशासन ने 'मिनी ओलिंपिक' का आयोजन किया।'मिनी ओलिंपिक'के तहत हुईसाइकिल-रेस में कई महिलाओं ने हिस्सा लिया। फूलबासन ने यह रेस जीती, वे सबसे आगे रहीं। यह एक बड़ी उपलब्धि थी।

फूलबासन की पहल से राष्ट्रीय ग्रामीण विकास बैंक के अधिकारी इतना प्रभावित हुए कि उन्होंने महिलाओं को रियायती दर पर साइकिल उपलब्ध करवायी। क़रीब दो हज़ार महिलाओं को 500 रुपये की रियायत पर साइकिल मिली। साइकिल की वजह से गाँवों में विकास ने भी रफ़्तार पकड़ी।

फूलबासन के प्रभाव की वजह से जल्द ही एक हज़ार से भी ज़्यादा महिलाएँ माँ बम्लेश्वरी स्वयं सहायता समूह में शामिल हो गयीं। हर दिन समिति की पहुँच राजनांदगाँव के कोने-कोने तक बढ़ती चली गयी। हर दिन अधिक से अधिक महिलाएँ स्वयं सहायता समूह में शामिल होती गयीं। इसके लाभ को देखते हुए 5 से 10 साल की अवधि में दस हज़ार से ज़्यादा महिलाएँ इस समूह का हिस्सा बन गयीं।

इस दौरान फूलबासन के मन में एक और विचार आया। विचार था, महिलाओं को एक जगह पर इक्कठाकर उन्हें स्वयं सहायता समूह और ग़रीबी उन्मूलन कार्यक्रमों के बारे में बताने का।

फूलबासन ने एक नये कार्यक्रम की परिकल्पना की। इस कार्यक्रम के तहत महिलाओं को अपने घर से पुरानी साड़ी और कुछ अनाज लाने को कहा गया। मिलने के एक निश्चित जगह और समय तय किया गया।जब सभी महिलाएँ सभा-स्थल पर पहुँचीं, तब इन पुरानी साड़ियों से पंडाल बनाये गये। शामियाना तैयार किया गया। इन्हीं पंडालों में बैठकें हुईं और गाँवों से ग़रीबी को हमेशा के लिए भगाने के लिए कार्यक्रमों की रूप-रेखा तैयार की जाने लगी। दोपहर और रात के समय सभी महिलाओं ने मिलकर अपने लिए भोज तैयार किया। भोजन करने के बाद पंडाल में ही आराम किया और बैठकों का दौर होने के बाद सभी अपने-अपने गाँव लौट गयीं।

फूलबासन ने इस तरह के कार्यक्रम कई जगह आयोजित किये। इन कार्यक्रमों की वजह से एक ही जगह पर वे कई महिलाओं को स्वयं सहायता समूह बनाने के लिए प्रेरित करने में कामयाब रहीं।

फूलबासन अब अपने गाँव, अपनी तहसील और अपने ज़िले की नहीं, बल्कि पूरे छत्तीसगढ़ राज्य की महिलाओं की 'प्यारी दीदी' बन गयी थीं।

कई अभियान चलाये, सर्वांगीण विकास से गाँवों को सूरत बदली

जैसे-जैसे फूलबासन अलग-अलग गाँवों का दौरा करती गयीं, वैसे-वैसे उन्हें अलग-अलग समस्याओं के समाधान मिलते गये। अनुभव ने फूलबासन को बहुत कुछ सिखा दिया। वे एक मायने में ऐसी डॉक्टर बन गयी थीं, जिसने गाँवों की सामाजिक और आर्थिक बीमारियों को दूर करने में दक्षता हासिल कर ली थी।

फूलबासन ने स्वयं सहायता समूहों के माध्यम से गाँवों में कई प्रयोग किये। इन सभी प्रयोगों का लक्ष्य रहा, गाँवों से ग़रीबी को हमेशा के लिए दूर करना, महिलाओं को आत्मनिर्भर बनना, गाँवों को विकास-मार्ग पर तेज़ी से अग्रसर करना।

हर प्रयोग आसान नहीं था। कई चुनौतियाँ थीं, कई जोखिम थे।फूलबसन ने अदम्य साहस का परिचय दिया और आगे बढ़ते गयीं। फूलबासन के नेतृत्व में माँ बम्लेश्वरी समूह नेसर्वांगीण विकासपर ध्यान देना शुरू किया।

फूलबासन का ध्यान रक्तदान केंद्रों पर भी गया। ज़िले में रक्तदान केंद्र की ज़बरदस्त कमी थी। इस समस्या का हल करना ज़रूरी था, ताकि समय पर ज़रूरतमंद को रक्त प्रदान किया जा सके। गाँव के अस्पतालों में बड़ी मात्रा में ख़ून उपलब्ध नहीं था, जो कि ब्लड ट्रांस्फ्यूज़न या फिर किसी घायल मरीज़ या डिलीवरी के समय महिला के लिए प्रदान किया जा सके। माँ बम्लेश्वरी स्वयं सहायता समूह ने एक रक्तदान शिविर का आयोजन किया। इसमें 15 स्त्रियों ने भाग लिया और प्रत्येक ने एक-एक यूनिट ख़ून दान किया। आज के समय में ऐसे

शिविर का आयोजन करना आसान प्रतीत होता है,किंतु उस समय यह एक दुर्लभ दृश्य था। इस शिविर की विशिष्टता यह थी कि इसका आयोजन भी महिलाओं ने किया था और इसमें रक्तदान देने वाली भी सारी महिलाएँ थीं। सामान्यतः रक्तदान का कार्य पुरुषों से जोड़कर देखा जाता था। कई पुरुष भी रक्तदान से डरते थे।ऐसा भी माना जाता था कि महिलाएँ रक्तदान नहीं कर सकती हैं क्योंकि वे कमज़ोर होती हैं। इस रक्तदान शिविर के आयोजन ने भी पुरुषों की सत्ता को ज़ोरदार ढ़ंग से चुनौती दी। माँ बम्लेश्वरी स्वयं सहायता समूह ने समाज को एक बेहद ज़रूरी संदेश दिया - रक्तदान महत्वपूर्ण है, ज़रूरी है, यह दान महादान है और लोगों की जान बचाता है। संदेश यह भी था कि महिलाएँ कमज़ोर नहीं और रक्तदान करने में सक्षम हैं।

माँ बम्लेश्वरी स्वयं सहायता समूह ने नियमित रूप से 'पल्स पोलियो' जैसे स्वास्थ्य और स्वच्छता से जुड़े कई कार्यक्रमों में न ही सिर्फ़ भाग लिया, बल्कि दूसरों को इस पहल में साथ देने के लिए प्रोत्साहित किया।

स्वच्छता-अभियान भी फूलबासन की एक ऐसी पहल थी, जिसकी वजह से सभी ने उनकी बहुत तारीफ़ की। होता यूँ था कि गाँव में गंदगी की वजह से काफ़ी दिक़्क़त होती थी। इसका असर लोगों के जीवन और स्वास्थ्य पर पड़ने लगा था। फूलबासन को यह मालूम पड़ चुका था कि गाँववासियों का स्वास्थ्य तभी बेहतर हो सकता है, जब गाँव स्वच्छ होगा। माँ बम्लेश्वरी स्वयं सहायता समूह ने स्वच्छता-अभियान को शुरू किया और सबसे पहले गाँव के गड्ढों की सफ़ाई शुरू की। साथ में लोगों को स्वच्छता के बारे में जागरूक करने की कोशिश भी शुरू की गयी। समूह ने कई सारे शिविरों का आयोजन किया। इन शिविरों में लोगों को एक स्वच्छ और स्वस्थ जीवन जीने के तरीक़े बताये जाने लगे। समूह ने खुले में शौच करने की प्रथा की निंदा की और लोगों को शौच के बाद अच्छी तरह से साबुन से हाथ धोने की सलाह दी।

फूलबासन और माँ बम्लेश्वरी स्वयं सहायता समूह की सदस्यों ने कई जगह शौचालयों का निर्माण करवाया। बड़ी बात यह थी कि समूह ने बिना किसी की सहायता के सैकड़ों शौचालयों का निर्माण करवाया। स्वच्छ भारत अभियान शुरू होने से बहुत समय पहले, फूलबासन और उनके समूह की महिलाएँ, गाँव के लोगों को शौचालय का इस्तेमाल और महत्व के बारे में बताने लगी थीं। उनके सभी शिविर और उनका अपना स्वच्छता-अभियान, सभी कामयाब रहे। कामयाबी का

अंदाज़ा इस बात से लगाया जा सकता था कि गाँवों में खुले में शौच करने वालों की संख्या न के बराबर हो गयी थी। कई गाँव भी स्वच्छ और सुंदर हो गये थे।

फूलबासन की कोशिश की वजह से तीन नदियों का जल भी पीने लायक़ हो गया।राजनांदगाँव ज़िले में तीन नदियाँ हैं - छिपा, पिपरिआ और अमनेर। खुले में शौच की वजह से ये नदियाँ गंदगी का घर बनी हुई थीं। इनकी हालत ख़राब थी। मगर फूलबासन के प्रयासों से नदियों में कूड़ा फेंकने और खुले में शौच करने पर रोक लगी, जिसकी वजह से नदियों की हालत बेहतर हुई। फूलबासन को अबतक इस बात की जानकारी हो चुकी थी कि नदियों को साफ़ रखना महत्वपूर्ण है। यही नदियाँ, हमारे जीना का असली स्रोत हैं। इसी वजह से फूलबासन ने एक अभियान चलाया, जिसमें माँ बम्लेश्वरी स्वयं सहायता समूह ने नदियों की साफ़-सफ़ाई सुनिश्चित करने का जिम्मा भी अपने ऊपर लिया।

लोगों से मिलते-जुलते फूलबासन में बड़ी-बड़ी समस्याओं का समाधान ढूँढ निकालने की गज़ब की क्षमता आ गयी थी। वाकई कल्पना करना मुश्किल है कि एक साधारण ग्रामीण महिला ने बड़े पैमाने पर स्वच्छता अभियान, रक्तदान शिविर, स्वास्थ्य-जाँच शिविर, साक्षरता अभियान की शुरुआत की। आगे बढ़ते हुए फूलबासन ने वर्षा-जल संग्रहण अभियान को भी शुरू करवाया। यह भी कोई साधारण अभियान नहीं था। इसके भी काफ़ी दूरगामी परिणाम निकलने वाले थे। गर्मी के दिनों में पानी की किल्लत की समस्या के निदान के लिए फूलबासन ने

साल 2002 में फूलबासन ने ज़मीन के अंदर के पानी को संगृहीत करने के लिए गड्ढे बनवाये। वे समझती थीं कि हर इंसान इस धरती की कोख से जल प्राप्त ज़रूर कर लेता है, मगर कोई लौटाता नहीं। इस दिशा में माँ बम्लेश्वरी स्वयं सहायता समूह ने कमर तक गहरे गड्ढे ख़ुदवाये। कुछ गड्ढे ज़्यादा गहरे ख़ुदवाये गये। इन गड्ढों की अंदरूनी दीवारों को ईंट, कोयले और बालू की परत लगायी गयी, जिससे दीवारें गड्ढे में भरे पानी को सोख न ले। इन छोटे-छोटे कुओं में पानी संरक्षित किया जाने लगा। समय के साथ और भी गहरे कुएँ खोदे गये। इन कुओं के निर्माण से गाँव में एक ही वर्षा ऋतु में 55000 से भी ज़्यादा लीटर पानी का संरक्षण हुआ। फूलबासन इस कार्य से अत्यंत ख़ुश और ग़ौरवान्वित हुईं। इन प्रयासों ने गाँव के लिए पूरे एक साल की जलापूर्ति सुनिश्चित कर दी। जल्द ही फूलबासन ने यह तरीक़ा कई ज़िलों में लागू करवाया। अब जहाँ भी मुमकिन

होता, माँ बम्लेश्वरी स्वयं सहायता समूह की महिलाएँ वहाँ गड्ढे ख़ुदवाती और नये कुओं का निर्माण करवाती हैं।

फूलबासन इस बात से अवगत थीं कि वृक्षारोपण गाँव के पानी का जलस्तर तथा लगातार बारिश की स्थिति को बनाये रखने में सहायता करेगा। अतः माँ बम्लेश्वरी स्वयं सहायता समूह ने वृक्षारोपण की शुरुआत की। इसके तहत समूह की महिलाओं ने पेड़ लगाने शुरू किये। फूलबासन ने अपने इन्हीं अभियानों से वाकई एक बड़ा परिवर्तन ला दिया। उनके अलग-अलग अभियानों की वजह से एक, दो नहीं बल्कि कई गाँवों की सूरत बदल गयी। कई सारी ज़िंदगियाँ संवर गयीं।

नशा करता जो इंसान, कभी न होता उसका कल्याण

दिनेश श्रीवास्तव के रूप में फूलबासन को न सिर्फ़ एक भाई मिला, बल्कि एक गुरु भी मिला। कलेक्टर ने जिन-जिन मुद्दों की ओर ध्यान आकर्षित किया, फूलबासन उन मुद्दों पर काम करने लगीं।फूलबासन को बताया गया कि कई सामाजिक समस्याओं का कारण नशाखोरी भी है।बहुत से मर्द अपनी कमाई शराब में बहा देतेहैं। शराब के नशे में कई पुरुष घरेलु हिंसा करते हैं। नशा करने वाले पुरुष का मानसिक संतुलन बिगड़ जाता है और नशेड़ी पुरुषों के हाथों महिलाएँ हिंसा का शिकार होती हैं और प्रताड़नाएँ झेलती हैं।

उन दिनों बहुत से युवा भी शराबखोरी में लिप्त थे। शराब के नशे ने कई युवाओं को कमज़ोर व बेकार बना दिया थे। न ही वे अपने काम सही तरीक़े से कर पाते और न ही इस समाज को बेहतर बनाने की सोच रखते। दिनेश श्रीवास्तव ने फूलबासन से कहा कि वे समाज-सुधार के अपने अभियान में तब तक कामयाबी नहीं पा सकती हैं, जब तक वे समाज से नशे की बीमारी को दूर नहीं कर देतीं।

फूलबासन को यह अहसास हो गया था कि अब गाँव में शराब के सेवन पर पाबंदी लगाना अनिवार्य है। माँ बम्लेश्वरी स्वयं सहायता समूह ने कई गाँवों में शराब के विरोध में अभियान चलाया।समिति ने एक रैली का आयोजन किया, जिसमें उन्होंने लोगों को शराब के बुरे प्रभावों के बारे में सूचित किया। उन्होंने पंचायतों से शराब पर पाबंदी का आग्रह भी किया। फूलबासन को यह अंदाज़ा हो गया था कि समाज में एक ऐसी व्यवस्था बनाये रखने की ज़रूरत है, जिस

से कोई भी महिला घरेलु हिंसा की शिकार न हो और न ही गाँव में शराब की उपलब्धता हो।

हर गाँव में महिला स्वयं सहायता समूह बनाने का काम शुरू हो चुका था। महिलाएँ पुरानी साड़ियों से पंडाल बनातीं और हाथों में डंडे लिए गाँव पर नज़र रखतीं।शराब के नशे में कोई भी मर्द अगर महिलाओं से दुर्व्यवहार करता पाया जाता, उसे महिलाएँ पकड़ लेतीं। फिर उसी समय एक सभा आयोजित की जाती और दोषी को सज़ा मिलती। महिलाएँ हर रात डंडा और सीटी लिये गाँव के चक्कर लगतीं और सुनिश्चित करतीं कि कोई भी महिला घरेलु हिंसा का शिकार न हो। जब भी उन्हें कोई महिला प्रताड़ित होती दिखतीं, वे सीटियाँ बजाकर दूसरी महिलाओं को इकट्ठा करतीं और दोषी को सज़ा देती। कुछ समय बाद महिलाओं ने शराब की दुकानों पर धावा बोला और उन दुकानों को हमेशा के लिए बंद करवा दिया। फूलबासन और उनके समूह के अथक प्रयासों की वजह से 625 गाँवों में 'शराबबंदी'हुई।

फूलबासन ने न सिर्फ़ शराब बल्कि तंबाकू के सेवन के ख़िलाफ़ भी अभियान चलाया। लोगों को तंबाकू-सेवन से होने वाले नुक़सान के बारे में बताया गया।

धीरे-धीर फूलबासन गाँवों को आदर्श बना रही थीं। वे गाँवों को ऐसे गाँवों में परिवर्तित करने की कोशिश कर रही थीं, जहाँ जीने के लिए माहौल सबसे उत्तम हो। जिस तरह के गाँवों की कल्पना महात्मा गांधी ने की थी, अपने अभियानों और आंदोलनों से फूलबासन गाँवों को उसी तरह के गाँवों में तब्दील करने लगी थीं।

हर हाथ में काम हो, मेरा देश महान हो

ग़रीबी की एक बड़ी वजह बेरोज़गारी है। रोज़गार न होने की वजह से आमदनी नहीं होती और आमदनी न होने की वजह से ग़रीबी के हालात बनते हैं। नियमित रोज़गार से ग़रीबी दूर होती है, बशर्ते शोषण न हो, धोखाधड़ी न हो।

फूलबासन को कम उम्र में ही इस बात का अंदाज़ा लग गया था कि रोज़गार के कुछ अच्छे साधन एक ग़रीब के जीवन को बेहतर बना सकते हैं। अगर ये साधन गाँव में उपलब्ध कराये जाएँ, तो यहाँ की सामाजिक और आर्थिक स्थिति निश्चित तौर पर मज़बूत होगी। हाथ में काम हो और काम का सही मेहनताना मिले, तब ग़रीब आगे बढ़ सकता है, आत्मनिर्भर बन सकता है।

इसी दौरान फूलबासन ने बोली लगाने का काम पहले से तेज़ कर दिया था और माँ बम्लेश्वरी स्वयं सहायता समूह को बहुत से टेंडर मिल भी गये। फूलबासन ने अब बैंक के लोन की प्रक्रिया को भी अच्छी तरह समझ लिया था। बैंक, किसी भी स्वयं सहायता समूह के एक हज़ार रुपये बैंक के खाते में रखने के एवज में चार हज़ार तक लोन दिया करता था। फूलबासन के समूह ने पहले ही अपना लोन समय पर चुका दिया था, इसलिए बैंक में उनकी इज़्ज़त और बढ़ गयी थी।

फूलबासन ने ख़ुद के लिए भी रोज़गार, यानी आमदनी का ज़रिया,ढूँढ लिया था। लेकिन अब उन्हें परिवार और गाँवों के लिए रोज़गार के साधन खोजने थे। साल 2002-2003 में फूलबासन ने पाँच बकरी और एक बकरा ख़रीदने के लिए बैंक से तेरह हज़ार का लोन लिया। उन्होंने बकरी-पालन का प्रशिक्षण लिया। साथ ही यह भी जाना कि बकरियों के ज़रिये कैसे कमाई की जाती है।सभी बकरियों और बकरे की देखभाल फूलबासन ख़ुद किया करतीं। यही नहीं, उन्होंने बकरियों

को दी जाने वाली दवाई और इंजेक्शनों के बारे में भी पूरी जानकारी प्राप्त की। कौन-सी दवा इन जानवरों के लिए ज़रूरी होती है और किसका क्या असर पड़ता है, फूलबासन ने ये सब सीखा। बाद में उन्होंने अपने पति और बच्चों को भी ये सा सिखा दिया। परिवार ने बकरियों का कुछ दूध बेचना शुरू किया और महज़ सात महीने में बैंक का लोन चुकता कर दिया। एक समय फूलबासन के परिवार के पास लगभग सौ से ज़्यादा बकरी और बीसगायें हो गयीं। इनका दूध बेचकर ही यह परिवार अपनी रोज़ी-रोटी चलाने लगा।

फूलबासन ने स्वयं सहायता समूहों के माध्यम से ही गाँवों में अलग-अलग रोज़गार के साधन उपलब्ध कराने की ठानी। बैंक से मिले चार हज़ार रुपये के लोन का फूलबासन ने अच्छे तरीक़े से इस्तेमाल करते हुए छोटे-छोटे काम शुरू करवाये। सबसे पहले समूह ने लोन लेकर अचार, सोया बड़ी और पापड़ को बनाने और बेचने का काम शुरू किया। बेरोज़गार महिलाओं और पुरूषों को इस काम में लगाया। दूसरे काम के अंतर्गत समूह ने कुछ सिलाई मशीनें ख़रीदीं और सिलाई व बुनाई का काम शुरू करवाया। इसके अलावा समूह ने खेती-बाड़ी और वृक्षारोपण में काम आने वाले उत्पादों जैसे बीज, खाद, आदि बनाना शुरू करवाया। अलग-अलग काम करने और करवाने का परिणाम यह हुआ कि समिति से जुड़ी हुई दो लाख महिलाओं की बचत 25 करोड़ रुपये तक पहुँच गयी।

फूलबासन और उनके समूह की महिला सदस्यों की संख्या दिन-ब-दिन बढ़ती गयी। फूलबासन का उत्साह भी निरंतर बढ़ता गया। ताक़त बढ़ती गयी।

फूलबासन ने कई महिलाओं को बैंकों से लोन दिलवाया। महिलाओं ने रोज़गार पाया। कुछ ने मुर्गी-पालन किया, कुछ ने अंडों का कारोबार। कई महिलाओं ने अगरबत्ती का कारोबार शुरू किये तो कइयों ने मोमबत्ती का। कुछ साबुन बनाने में जुट गयीं तो कुछ किराना की दूकान पर व्यस्त हो गयीं।

फूलबासन ने गाँवों में महिलाओं के लिए रोज़गार के अवसर तैयार किये। यह कोशिश की कि सभी के हाथ में काम हो। कोई खाली न बैठे, बेरोज़गार न रहे, ग़रीब न रहे।

ताकि दूसरों का बचपन फूलबासन जैसा न हो

फूलबासन जैसा बचपन किसी बच्ची का न हो। इस लक्ष्य की साधना के लिए फूलबासन ने अपना सब कुछ न्योछावर करने का मन बना लिया था। तन, मन, धन, सब कुछ न्योछावर करने के लिए वे तैयार थीं। उनका प्रण था कि वे अपनी आँखों के सामने किसी लड़की के बचपन को फूलबासन जैसा होता नहीं देखेंगी।

फूलबासन ने सबसे पहले बाल-विवाल रोकने के लिए एक बहुत ही व्यापक आंदोलन की शुरुआत की। महिला समितियों के माध्यम से फूलबासन ने बाल-विवाह से होने वाले नुक़सान के बारे में लोगों में जागरूकता लायी। समझाया गया कि बाल-विवाह का मतलब बचपन का क़त्ल है। अरमानों को दफनाना है। फूल को खिलने से पहले ही रौंद देने जैसा है।

महिला समूहों ने लोगों को बाल-विवाह निषेध क़ानून के बारे में भी बताया और चेतावनी दी कि बाल-विवाह कराने वाले माता-पिता को जेल भी हो सकती है।

बाल-विवाह रोकने के लिए भी फूलबासन ने संगठन शक्ति का सहारा लिया। बड़ी बात यह थी कि फूलबासन ने हज़ारों महिलाओं को शानदार तरीक़े से समायोजित किया था। सभी को एक सूत्र में बाँधा था। एक बहुत ही तगड़ा और कारगर नेटवर्क तैयार किया था।

इस नेटवर्क की वजह से सूचना आसनी से दूर-दूर तक पहुँच जाती थी। जैसे ही किसी महिला को किसी गाँव में बाल-विवाह की भनक लगती, वह महिला

समूह को सचेत कर देती। इसके बाद महिलाएँ एक-साथ होकर बाल-विवाह रोकने निकल जातीं। अगर माता-पिता नहीं मानते, तब पुलिस का सहारा लिया जाता।

फूलबासन और उनकी साथियों ने क़रीब 600 जगह पर बाल-विवाह को रोका। कुछ ही महीनों में महिला संगठन की शक्ति की वजह से बाल-विवाह पर पूरी तरह से रोक लग गयी।

गाँवों से कुरीतियों को मिटाने, अलग-अलग समस्याओं को दूर करने के लिए फूलबासन ने एक अनूठी कार्य-योजना तैयार की थी। उन्होंने महिलाओं को छोटे-छोटे समूह में बाँट दिया। हर समूह में ज़्यादा से ज़्यादा 20 महिलाएँ थीं। कई गाँवों में 10 से भी ज़्यादा समूह थे। यह सारे समूह एक-दूसरे के साथ जुड़े हुए थे और एक-दूसरे की सहायता भी करते। जैसे-जैसे महिलाओं की संख्या बढ़ती गयी, समूह निर्माण में गाँवों की संख्या भी बढ़ती गयी। एक दिन ऐसा आया जब फूलबासन के नेतृत्व में बने स्वयं सहायता समूहों की संख्या 13142 हो गयी और इनसे दो लाख से भी ज़्यादा महिलाएँ जुड़ गयीं। इन सभी महिलाओं ने मिलकर ग़रीबी को दूर भगाया। इन स्वयं सहायता समूहों के पास 40 करोड़ रुपये की जमा राशि है। यानी महिलाएँ ग़रीबी को अपने घर-परिवार,गाँव से भगाने में कामयाब रही हैं।

चूँकि महिलाओं की वजह से ही गाँवों में एक क्रांति आयी थी, सभी के लिए यह भी बहुत ज़रूरी था कि गर्भ में बच्चों की हत्या यानी भ्रूण हत्या को पूरी तरह से रोका जाए। फूलबासन ने सभी महिलाओं के सामने यह सवाल रखा कि आख़िरकार कैसे एक माँ अपनी आँखों के सामने अपनी बेटी की हत्या होते देख सकती है। उन्होंने सभी महिलाओं को एक-साथ खड़े होकर इस सामाजिक बुराई के ख़िलाफ़ आवाज़ उठाने की गुज़ारिश की और जल्द ही समूह ने लोगों पर नज़र रखनी शुरू की। मक़सद एक ही था, कोई भी 'बेटी' की हत्या न कर सके। जब भी कोई महिला ऐसा अपराध होते देखती,वह सीटी बजाकर या हल्ला करके गाँव की महिलाओं को बुला लेती और भ्रूण हत्या की कोशिश को रोका जाता।

भ्रूण-हत्या और बाल-विवाह पर रोक लगाने के बाद फूलबासन ने गाँव-परिवारों में लड़का और लड़की को लेकर पल-बढ़ रहे भेदभाव को मिटाने के लिए आंदोलन शुरू किया। सभी को समझाया गया कि लड़की देवी समान है। वही लक्ष्मी है, सरस्वती है और दुर्गा है। लड़कियों के बिना ज़िंदगी, ज़िंदगी नहीं है।

लड़कियों को पढ़ाने-लिखाने से भी फ़ायदा है। एक लड़की के पढ़-लिख जाने से सारा परिवार शिक्षित हो सकता है। फूलबासन स्वयं एक मिसाल, एक शानदार उदाहरण के रूप में लोगों के सामने खड़ी थीं। फूलबासन ने गाँवों में अभिभावकों को अपनी बातों से कुछ इस तरह प्रभावित किया कि वे लड़कों के साथ-साथ लड़कियों को भी स्कूल भेजने लगे।

उठाओ सरकारी योजना का लाभ और करो उन्नति

जैसे-जैसे फूलबासन का जन-संपर्क बढ़ता गया, वैसे-वैसे उनका ज्ञान भी बढ़ता गया। नियमित रूप से सरकारी कर्मचारियों और अधिकारियों से मिलने की वजह से फूलबासन केंद्र सरकार और राज्य सरकार द्वारा ग़रीबी-उन्मूलन के लिए चलायी जा रहीं योजनाओं के बारे में जान गयीं। उन्होंने महसूस किया कि सरकार ग़रीबों और गाँवों के लिए योजनाएँ तो बहुत बनाती है, लेकिन सही तरीक़े से लागू न होने की वजह से इनका लाभ आम आदमी नहीं उठा पाता है। फूलबासन जनता और सरकार के बीच की खाई को भरना चाहती थीं, क्योंकि जनता तक सरकारी योजनाओं का फ़ायदा पहुँचाना बेहद ज़रूरी था। इस कार्य को पूरा करने के लिए फूलबासन ने गाँव में सरकारी योजनाओं और नीतियों के बारे में लोगों को जागरूक करना शुरू किया। चूँकि उनका समूह अब काफ़ी बड़ा हो गया था, इसलिए ज़्यादा से ज़्यादा लोगों तक पहुँचने में फूलबासन को मुश्किल नहीं आयी।फूलबासन ने नेतृत्व में बने अलग-अलग समूहों से दो लाख महिलाएँ जुड़ी थीं। हर गाँव से महिलाएँ स्वयं सहायता समूह अभियान से जुड़ीं और हर गाँव में 15 से 20 समूह बन गये। कई गाँवों में इससे भी ज़्यादा समूह बने।हर समूह से एक महिला को प्रधान या नेता चुना जाता, जो बैठक में जाया करतीं। हर समूह की नायिका को मिलाकर एक गाँव की ग्राम-सभा बनायी गयी, जिसका मुख्य उद्देश्य हर सरकारी नीति और योजनाओं को लोगों तक पहुँचाना है। साथ में यह भी सुनिश्चित करना है कि हर ज़रूरतमंद गाँववासी इसका लाभ उठा सके। ग्राम-सभा गाँव के प्रशासन पर भी नज़र रखती है।

प्रशासनिक काम में अगर कोई भी कोताही दिखती, तो सभा, क्षेत्र के स्थानीय प्रशासनिक अफ़सर से शिकायत करती, जिसपर न्यायोचित कार्यवाही होती। अगर प्रशासनिक अफ़सर भी सही काम नहीं करता, तो सभा आगे ग्राम क्लस्टर को शिकायत करती है। पाँच ग्राम-सभाओं को मिलकरएक ग्राम-क्लस्टर बनाया गया और किसी भी शिकायत पर इस पूरे क्लस्टर के सभी सदस्य निदान के लिए पहुँचते और निष्पक्ष रूप से हर व्यक्ति और हर क़िस्म की मुश्किलों का समाधान निकालते। अगर ग्राम-सभा को अवैध शराब के उत्पादन या आपूर्ति के बारे में पता चले, लेकिन सभा अकेले ये काम नहीं कर पाये, तो ग्राम क्लस्टर तुरंत सभा की मदद करने के लिए पहुँचता और कारवाई करता। ये ग्राम क्लस्टर एक-साथ मिलकर एक ब्लॉक बनाते हैं और सारे ब्लॉक मिलकर एक ज़िला, जिसकी मुखिया फूलबासन यादव थीं।

एक नायिका के रूप में फूलबासन ने नयी मिसाल क़ायम की। वे अब कई महिलाओं के लिए प्रेरणा का सबसे बढ़िया स्रोत थीं।फूलबासन के साहस और और उनकी मेहनत ने कई लोगों को अच्छा काम करने, आत्मनिर्भर बनने और ग़रीबी-उन्मूलन के आंदोलन में अपना योग देने के लिए प्रेरित किया। लोग उन्हें महिला सशक्तिकरण की प्रतीक के रूप में देखने लगे।

कई महिलाएँ आगे आयीं और समाज-सेवा में जुट गयीं। राजनांदगाँव ज़िले की मधुलिका रामटेके, इंदू साहू, शैल यादव, जानिया साहू, धनेश्वरी मंडावी, गोदावरी निषाद, सुमन सोनटक्के,उर्मिला पटेल,अगसिया साहू, ममता चंद्रवंशी, पद्मा वर्मा, पुष्पा साहू, कस्तूरी धनगर, बबीता वैष्णव, खिलेश्वरी साहू उन महिलाओं में हैं, जिन्होंने समाज-सेवा में ख़ुद को समर्पित कर दिया।

फूलबासन का काम केवल महिलाओं तक सीमित नहीं रहा। कई पुरुष भी उनके काम और उनकी कामयाबी से प्रेरणा लेकर ग़रीबी-उन्मूलन के आंदोलन में शामिल हो गये। कई पुरुषों ने भी माँ बम्लेश्वरी स्वयं सहायता समूह में काम करना शुरू कर दिया।

मोहनदास मानिकपुरी, शिव कुमार देवांगन और राजेश साहू भी फूलबासन के कार्यों से काफ़ी प्रभावित हुए। जब इन तीनों ने देखा कि अनपढ़ व कम शिक्षित महिलाओं ने मेहनत के बल पर राजनांदगाँव ज़िले की काया पलट दी है, तो उनके मन में भी योगदान करने की इच्छा जागी। शिव कुमार ने फूलबासन से

मुलाक़ात कर समाज के लिए काम करने की इच्छा ज़ाहिर की। फूलबासन ने शिव को अपना साथी बना लिया। फूलबासन को शिव और राजेश के रूप में सक्रिय, मेहनती, समर्पित और भरोसेमंद साथी मिल गये।

'ग़रीबी की दुश्मन' को मिला देशभर में सम्मान

फूलबासन ने जिस तरह से ग़रीबी के ख़िलाफ़ जंग लड़ते हुए उसे गाँवों से खदेड़ा था, उसकी चर्चा देशभर में होने लगी। देश के अलग-अलग हिस्सों से लोग फूलबासन से मिलने आने लगे। देश की अलग-अलग संस्थाएँ फूलबासन को गोष्ठियों और संगोष्ठियों में बतौर मुख्य अतिथि बुलाने लगीं। अलग-अलग संस्थाओं ने पुरस्कारों से सम्मानित करना शुरू किया।

फूलबासन की अगुवाई में किये गये कार्यों से छत्तीसगढ़ का चेहरा बदल गया था। फूलबासन ने आम आदमी की मूलभूत ज़रूरतों पर काम किया था। उन्होंने अपनी कामयाबी से साबित किया था कि समाज सिर्फ़ बड़ी-बड़ी बातों से नहीं बल्कि बुनियादी बदलावों से परिवर्तित होता है। चूँकि मुद्दे बेहद अहम थे, इसलिएसरकार और अन्य लोगों का ध्यान जाना स्वाभाविक था।

फूलबासन को छत्तीसगढ़ सरकार ने साल 2004-05 के मिनीमाता राज्य अलंकरण पुरस्कार से सम्मानित किया। इसी साल राष्ट्रीय ग्रामीण विकास बैंक (नाबार्ड) ने उन्हें नाबार्ड अवार्ड दिया। ज़ी टीवी, मुंबई ने ज़ी अस्तिमा अवार्ड से फूलबासन का सम्मान किया।

साल 2008 में जमनालाल बजाज फाउंडेशन ने फूलबासन को जमनालाल बजाज पुरस्कार से सम्मानित किया। यह अवार्ड फूलबासन को गांधीवादी मूल्यों को आगे बढ़ाने के लिए दिया गया था। फूलबासन शिक्षा, सफ़ाई, स्वास्थ्य और ग़रीबी-उन्मूलन जैसे विषयों पर काम करते हुए महात्मा गांधी के सपने को साकार कर रही थीं।

साल 2009 में भारत सरकार के महिला विकास और शिशु कल्याण मंत्रालय ने फूलबासन की सेवाओं की तारीफ़ करते हुए उन्हें स्त्री-शक्ति पुरस्कार से अलंकृत किया।सदगुरू गणानंदा नेशनल अवार्ड से भी फूलबासन को सम्मानित किया गया। समाज-सेवा के क्षेत्र में अतुलनीय कार्यों के लिए फूलबासन को 2011 में गोडफ्रे फिलिप्स नेशनल ब्रेवरी अवार्ड (अमोदिनी अवार्ड) मिला।

फूलबासन को साल 2012 में उत्तरप्रदेशीय महिला मंच, मेरठ से हिंदी प्रभा सम्मान और नेशनल यूनिटी कांफ्रेंस, नई दिल्ली से राष्ट्रीय एकता सम्मान मिला। इसी साल सीताराम जिंदल फाउंडेशन ने फूलबासन को एस. आर. जिंदल अवार्ड प्रदान किया। आगे उन्हें दैनिक भास्कर मीडिया समूह ने इंडियन प्राउड अवार्ड से नवाज़ा। साल 2013 में फूलबासन को सुर्यदत्ता अवार्ड मिला। यूनियन बैंक ऑफ इंडिया ने उन्हें 'लाइफ टाइम अचीवमेंट' अवार्ड लिया। चेन्नई के भगवान महावीर फाउंडेशन ने भगवान महावीर सम्मान दिया।भारत सरकार के पेयजल और स्वच्छता विभाग ने साल 2016-17 में स्वच्छता सम्मान दिया।

इस दौरान उन्हें और भी कई अवार्ड मिले। कई सभाओं में उन्हें सम्मानित किया गया।

फूलबासन को देश के प्रतिष्ठित मीडिया समूह 'इंडिया टुडे' ने सम्मानित किया। उन्हें समाज-सेवा के लिए डॉ. मनुमुक्त मानव राष्ट्रीय पुरस्कार से भी नवाज़ा गया।

बच्चों को प्रेरणा मिला, इस मक़सद से छत्तीसगढ़ सरकार ने दसवीं कक्षा की अंग्रेज़ी किताब में फूलबासन की कहानी को शामिल करवाया।

बड़ी बात यह रही कि जो भी राशि उन्हें सम्मानस्वरूप दी गयी, वह राशि फूलबासन ने सामाजिक कार्यों में लगायी, ताकि ज़रूरतमंद लोगों को लाभ पहुँचे। जितने भी अवार्ड उन्हें मिले, सभी को अपनी साथियों के नाम समर्पित किया।

फूलबासन के लिए सबसे बड़ा सम्मान यही रहा कि देश के कोने-कोने से महिलाओं, संस्थाओं, सरकारों ने उन्हें आमंत्रित किया और ग़रीबी को दूर करने के लिए उनसे सुझाव लिये। सिर्फ़ सुझाव ही नहीं लिए गये बल्कि उनका पालन किया गया।

फूलबासन के कार्यों से प्रेरणा लेकर कई सरकारों ने अपने-अपने राज्यों में स्वयं सहायता समूहों को बड़े पैमाने पर प्रोत्साहित करना शुरू किया। कई सरकारों

की नीतियों में फूलबासन के कार्यों और सफल प्रयोगों की छाप साफ़ दिखाई देती है।

फूलबासन ने कामयाबी का श्रेय कभी अकेले नहीं लिया। हमेशा अपनी साथी महिलाओं को श्रेय दिया और अपनी ख्याति में हिस्सेदार बनाया। मुख्यमंत्री के हाथों सम्मान करवाया।

फूलबासन ने राज्य योजना आयोग की सदस्य के रूप में भी अपनी सेवाएँ प्रदान कीं।

अलग-अलग टीवी चैनलों पर उनके इंटरव्यू दिखाये गये। अख़बारों और पत्र-पत्रिकाओं में उनके काम के बारे में लिखा जाने लगा।

फूलबासन यादव के नाम के साथ जुड़ गया 'पद्मश्री'

साल 2012 में गणतंत्र दिवस की पूर्व संध्या पर पद्म पुरस्कारों की घोषणा की गयी। ऐलान हुआ कि केंद्र सरकार ने फूलबासन को देश के चौथे सबसे बड़े नागरिक सम्मान 'पद्मश्री' से सम्मानित करने का फ़ैसला किया गया गया है।

राजनांदगाँव ज़िला मुख्यालय और राजधानी रायपुर से कई पत्रकार फूलबासन से मिलने और उनका इंटरव्यू करने के इरादे के साथ सुकुलदैहान पहुँचे।

जब पत्रकार सुकुलदैहान पहुँचे, तब परिवारवालों ने बताया कि फूलबासन आंध्रप्रदेश गयी हुई हैं। पूछताछ पर पता चला कि फूलबासन वरंगल ज़िले में हैं। फूलबासन ने जैसे ही फ़ोन ऑन किया, उन्हें एक के बाद एक बधाई संदेश मिलने लगे। फूलबासन की आँखों में ख़ुशी के आँसू थे। आंध्रप्रदेश की महिलाएँ इन आँसुओं को देखकर समझ गयीं कि ग़रीबी के ख़िलाफ़ लड़ाई में फूलबासन ने अपना सब कुछ न्योछावर किया है।

साल 2012 में ही छत्तीसगढ़ की एक और महिला सामाजिक कार्यकर्त्ता शमशाद बेगम को भी पद्मश्री देने की घोषणा की गयी थी।

आगे राष्ट्रपति भवन में हुए एक समारोह में फूलबासन ने राष्ट्रपति प्रतिभा पाटिल के हाथों पद्मश्री सम्मान प्राप्त किया। यह दिन फूलबासन के जीवन के सबसे यादगार दिनों में एक था। झोपड़ी में पैदा हुई एक लड़की, जिसने चाय की टपरी पर झूठे बर्तन साफ़ किये थे, उसका राष्ट्रपति के हाथों देश का चौथा सबसे बड़ा नागरिक सम्मान हासिल करना कोई साधारण बात नहीं थी।

'पद्मश्री' से सम्मानित होने के बाद फूलबासन को लगा कि उनकी ज़िम्मेदारी और भी बढ़ गयी है।

फूलबासन की कामयाबी ने दुनियाभर में कई लोगों का ध्यान उनके काम और उनके संघर्ष की ओर आकर्षित किया था।

अब फूलबासन का कार्य-क्षेत्र संपूर्ण भारत था। वे भारत से ग़रीबी हटाने के मिशन में जुट गयीं।

आगे छत्तीसगढ़ सरकार ने फूलबासन यादव को जननी सुरक्षा योजना, प्रधानमंत्री आवास योजना और स्वच्छ भारत मिशन का चेहरा बनाया। जिलाप्रशासन ने लगातर तीन साल माँ बम्लेश्वरी अवार्ड ,यूनियन बैंक, मुंबई ने नारी सशक्तिकरण के लिए पुरस्कार से फूलबासन को सम्मानित किया गया।

फूलबासन के नाम पुरस्कारों और सम्मानों लंबी फेहरिस्त है। यह फेहरिस्तफूलबासन की उपलब्धियों पर रोशनी डालती है।

माँ बम्लेश्वरी स्वयं सहायता समूह की महिलाएँ कई गाँवों की सामाजिक-आर्थिक स्थिति बदलने में सफल रही हैं। फूलबासन ने यह साबित कर दिया कि महिलाएँ बड़ी-बड़ी कामयाबियाँ हासिल कर सकती हैं और उन्हें इसके लिए सरकार की, संस्थाओं की मदद की ज़रूरत नहीं है। महिलाओं को अपने काम के लिए किसी के सामने हाथ फैलाने की ज़रूरत नहीं है।

मुश्किलें आएँगी, पर उन्हीं मुश्किलों के बाद सफलता राह देख रही होती है। डर के आगे ही जीत होती है।दरअसल, फूलबासन लोगों की सोच बदलने और महिलाओं को उनकी असली ताक़त का अहसास दिलाने की कोशिश करती रहीं। उनकी लड़ाई ग़रीबी से थी, बेरोज़गारी से थी, सामाजिक कुरीतियों से थी।हक़ीक़त तो यह है कि यह लड़ाई अब भी जारी है। फूलबासन ने न आराम किया है और न ही चैन की साँस ली है। जब तक देश से ग़रीबी दूर नहीं होती, महिलाएँ आत्मनिर्भर नहीं बनतीं, उनका संघर्ष जारी रहेगा। ग़रीबी, बेरोज़गारी, निरक्षरता, सामाजिक कुरीतियों, भ्रष्टाचार, नाइंसाफ़ी, बेईमानी, अपराध के ख़िलाफ़ उनकी लड़ाई जारी रहेगी।

अंत में, कुछ और बातें

फूलबासन अब भी अपने मुख से अपने पति का नाम नहीं लेतीं। तब कभी पति का नाम लेने का अवसर आता है, वे शरमा जाती हैं। कुछ भी हो जाए, वे पति का नाम अपने मुख से नहीं निकालेंगी। गाँवों में सालों से ऐसा ही होता आ रहा है। महिलाएँ अपने मुख से अपने पति का नाम नहीं लेती हैं।फूलबासन ने मंदिर में सुना था कि पत्नी यदि पति का नाम ले, तो पति की उम्र घटने लगती है। यही कारण है कि फूलबासन अपने पति की लंबी उम्र के लिए उनका नाम नहीं लेतीं।इससे भी बड़ी बात यह है कि फूलबासन अपने पति की ग़लतियों को भूल गयी हैं। जब कभी कोई उन्हें बीते दिनों में उनके पति के उनके साथ व्यवहार की बात याद दिलाने की कोशिश करता है, तब वे यही कहती हैं कि अज्ञानता की वजह से पति ने वैसा किया था।

फूलबासन हिंदी भाषियों के साथ छत्तीसगढ़ी बोली में बातें करना पसंद करती हैं। जब कोई ज़ोर देता है, तभी वे हिंदी में बातचीत करती हैं। देश-दुनिया की अलग-अलग महिलाओं से अपने मन की बात कहने-बताने में भले ही फूलबासन को दुभाषियों की मदद लेनी पड़ती है, लेकिन महिलाओं की समस्याओं को समझने और उनका हल निकालने में उन्हें ज़्यादा समय नहीं लगता।

देश के अलग-अलग हिस्सों में आते-जाते रहने की वजह से फूलबासन को अलग-अलग तरह के पकवान खाने को मिलते हैं। उन्हें कई बार पंचसितारा होटलों में भोजन करने का अवसर मिला, लेकिन फूलबासन को अपने घर में बने दाल-भात, रोटी-तरकारी में भी मज़ा मिलता है। भूख की आग को बुझाने के लिए मिली रोटी जैसी संतुष्टि उन्हें किसी और पकवान में नहीं मिली।फूलबासन जब

कभी भोजन को व्यर्थ करता देखती हैं, तो उनकी आँखों में आँसू आ जाते हैं। उन्हें लगता है कि संपन्न लोगों के द्‌वारा व्यर्थ किये गये भोजन से कइयों के पेट में भूख की आग बुझ सकती है।

दो चीज़ों से फूलबासन को सख़्त नफ़रत है, भुखमरी और ग़रीबी। फूलबासन का एक ही लक्ष्य है, वे जीतेजी इन दोनों से देश से मुक्त देखना चाहती हैं।

गाय-भैंस-बकरी, इन्हें सहलाये बिना फूलबासन को चैन की नींद नहीं आती।

फूलबासन हर दिन माता रानी की पूजा करती हैं। नियमित रूप से मंदिर जाती हैं। भजन गाती हैं।

सायकल
खण्ड - खैरागढ़
2011 से 15 दिसम्बर 2011 तक

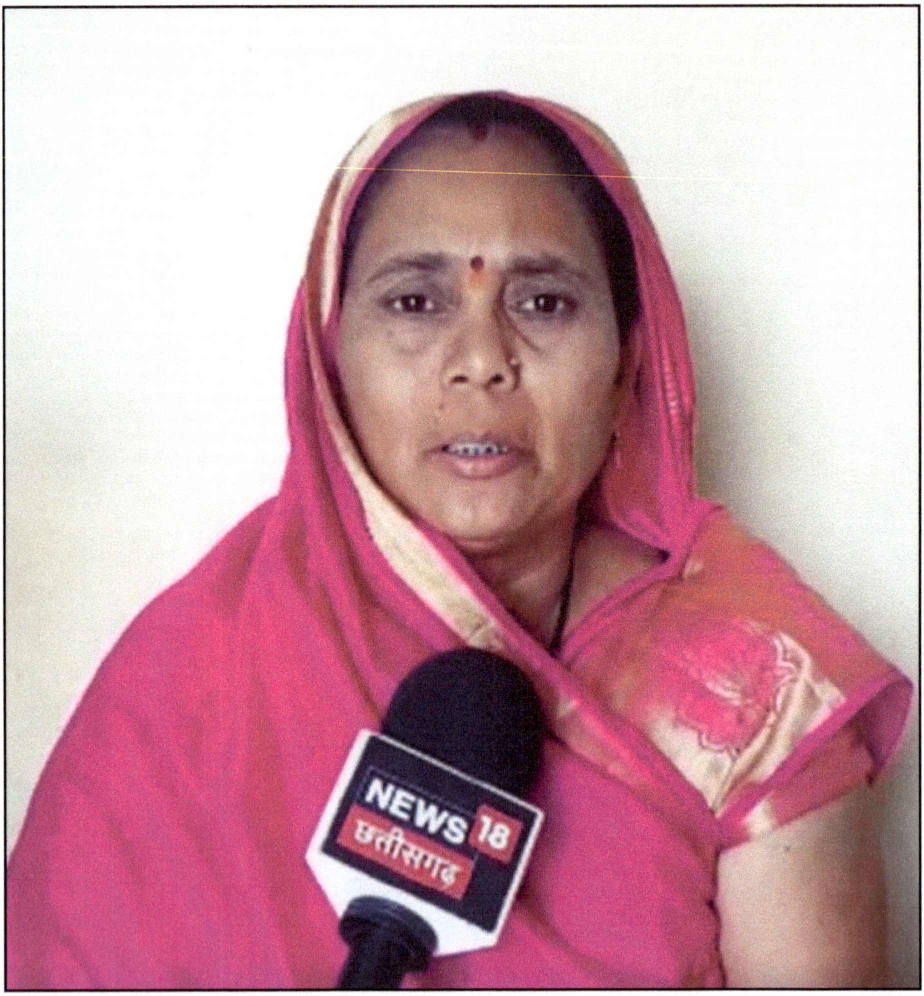
NEWS 18
छत्तीसगढ़

Dr.Reddy's
Leadership
Academy

NABA
36

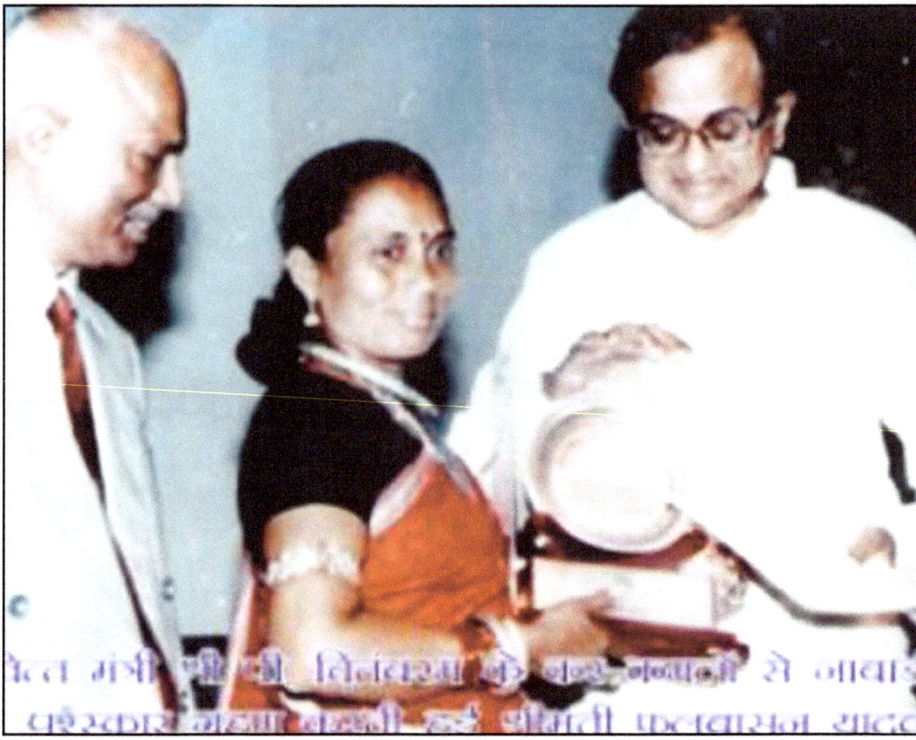

स्त्री
शक्ति

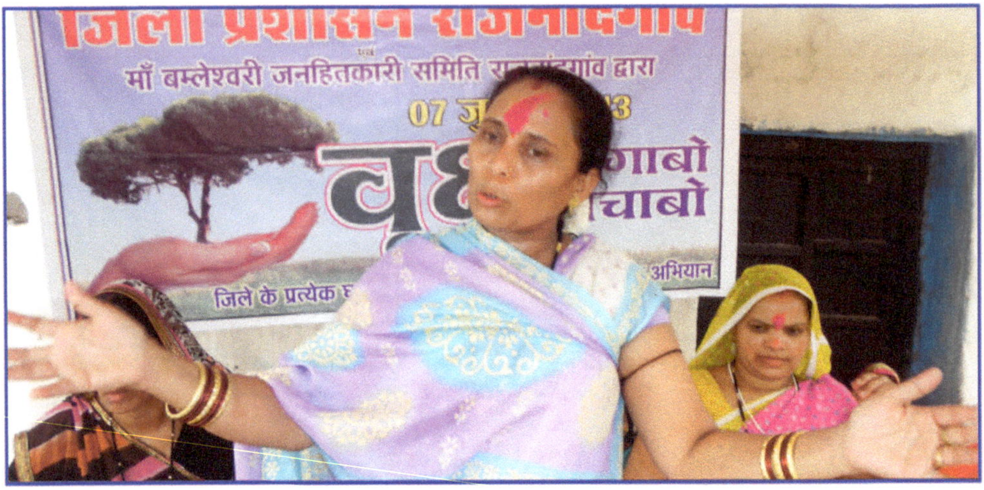
एवं
माँ बम्लेश्वरी जनहितकारी समिति
द्वारा
07 जु
गाबो
चाबो
अभियान
जिले के प्रत्येक

पानी बचाओ महाअभियान
-: आयोजक :-
महिला
समूह खैरा फेडरेशन एवं ग्रामवासीगण
प्रेरक :-
समूह की जिला फेडरेशन
समिति
पं.क्रं. 1

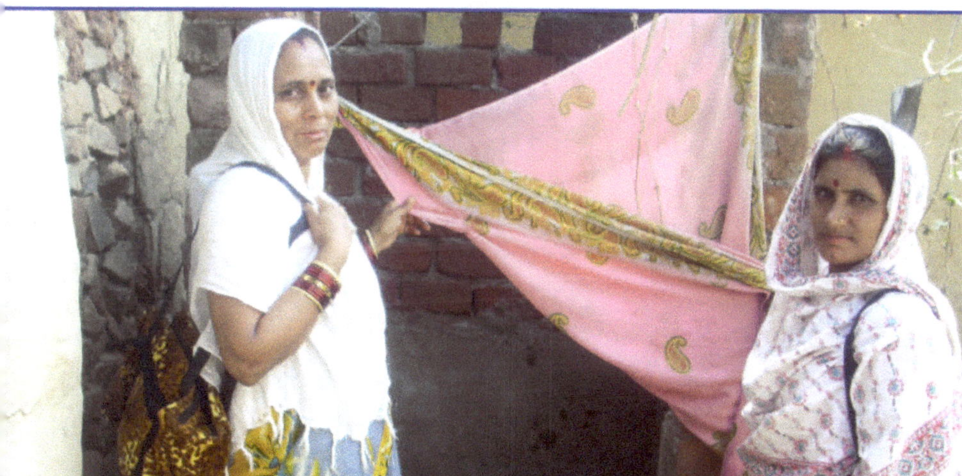

स्वच्छता उत्सव
25 सितम्बर से 2 अक्टूबर 2014
स्वच्छ अऊ सुग्घर राजनांदगांव"
विकास खण्ड - मोहला

बम्लेश्वरी जनहितकारी समिति,राजनांदगांव
(महिला समूहो का जिला फेडरेशन)
महिला स्व सहायता समूह एवं
महिला साक्षरता

लेश्वरी जनहितकारी समिति राजनांदगा

महिला शिक्षा, स्वास्थ्य, स्वच्छता
एवं महिला उत्थान हेतु
महिला पद-यात्रा

फौज

महिला समूहो का
नशामुक्ति
एवं
नारी सम्मान - नारी स्वाभिमान
एक दिवसीय
सामूहिक उपवास
एवं मौन रैली

स्वच्छता
स्वच्छता

पद्मश्री गोविंदराम निर्मलकर, ऑडिटोरियम नगर पालिक निगम राजनांदगांव
अभियान
सम्मान
दिनांक : 4 अगस्त 2018,
पद्मश्री गोविंद राम निर्मलकर ऑडिटोरियम,
04 08 2018

अंतर्राष्ट्रीय

VNSGU
VEER NARMAD

सम्पूर्ण स्वच्छता अभियान
पद यात्रा
दिनांक 3 मार्च से 7 मार्च 2011

हुए नशे के आदी
पूरे घर की बरबादी
नशा, नाश की जड है सांई।
इसे हाथ न लगाना भाई
पैसों के लिए मचे त्राहि-त्राहि
नशा मुक्ति
पानी बचाओ अभियान
मौन रैली

छोड़दो ये नशे का धुंआ
(महिला समूह की जिला फेडरेशन)
नशा मुक्ति मौन रैली

बम्लेश्वरी जनहितकारी समिति राजनांदगांव
जल संरक्षण महाअभियान

सायकल रैली
सायकल रैली
सायकल रैली

- छुरिया
दिनांक : 09 दिसम्बर
11 दिसम्बर 2011 तक

शौचालय के लिये बाहर
बेटी
जल एवं स्वच्छता समिति, जिला-राजनां

बम्लेश्वरी जनहितकारी समिति,राजनांदगांव
(महिला समूहो का जिला फेडरेशन)
महिला स्व सहायता समूह एवं
महिला साक्षरता

माँ बम्लेश्वरी समूह ब्लाक
शिक्षा, स्वास्थ्य, स्वच्छता एवं महिला ज
न, मोहला
अभियान के लिए
2012

ली में शोर हैं,
ग्राम पर जोर हैं।
जिला-राजनांदगांव
स्वच्छता का दुसरा
बिमारी की रोक
फेडरेशन,

माँ बम्लेश्वरी समूह ब्लाक फेडरेशन, मोहला
शिक्षा, स्वास्थ्य, स्वच्छता एवं महिला जनजागरूकता अभिया
पदयात्रा
दिनांक - 27 फरवरी से 29 फरव

शुभारंभ कार्यक्रम

NATIONAL AWARDS
Foundation Day | Thursday, 7th Feb. 2013

VNSGU

SADGURU